互联网招聘培训教程

（直播带岗）

互联网招聘（直播带岗）系列课程研发小组　组织编写

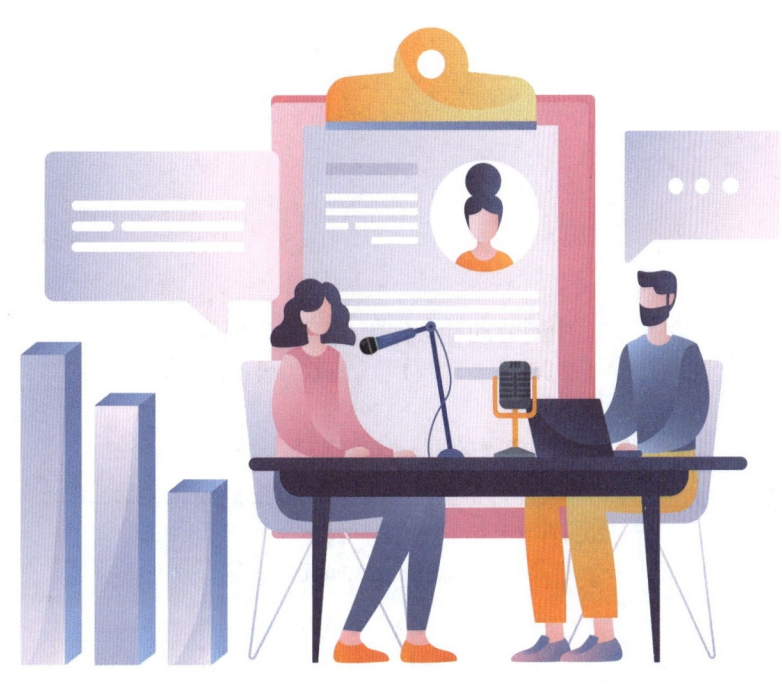

中国劳动社会保障出版社

图书在版编目（CIP）数据

互联网招聘培训教程：直播带岗/互联网招聘（直播带岗）系列课程研发小组组织编写. -- 北京：中国劳动社会保障出版社，2024. -- ISBN 978-7-5167-6499-2

I. F713.365.2

中国国家版本馆 CIP 数据核字第 2024GJ8331 号

中国劳动社会保障出版社出版发行

（北京市惠新东街 1 号　邮政编码：100029）

*

北京市白帆印务有限公司印刷装订　　新华书店经销
880 毫米 × 1230 毫米　16 开本　6 印张　119 千字
2024 年 7 月第 1 版　　2024 年 7 月第 1 次印刷
定价：36.00 元

营销中心电话：400-606-6496
出版社网址：http://www.class.com.cn

版权专有　　侵权必究

如有印装差错，请与本社联系调换：（010）81211666
我社将与版权执法机关配合，大力打击盗印、销售和使用盗版图书活动，敬请广大读者协助举报，经查实将给予举报者奖励。
举报电话：（010）64954652

编审委员会

主　任：吴南天
委　员：何　卯　熊慧勇　穆奇玲　王永娟　吴　昊
　　　　周正林　杨　慧　杨存库　马斌张智

本书编写人员

主　编：吴　昊　周正林
副主编：王永娟　杨　慧
编　者：何　卯　熊慧勇　穆奇玲　罗　丹　王丽霞
　　　　杨存库　马斌张智　王荣飞　钟红莉　张德举
　　　　张　慧　郭　蓉　杨　润

前言
PREFACE

　　随着数字经济的蓬勃发展，互联网招聘（直播带岗）已经成为一种新型的招聘模式，为广大求职者提供了更加便捷、高效的就业渠道，大幅提高了人力资源利用效率，激发了市场活力，成为新业态下人力资源服务领域新增长点、新动能。为更好地帮助求职者、人力资源服务机构和用人企业了解直播带岗，提高求职技能，提升招聘成效，我们编写了这套互联网招聘（直播带岗）教材。

　　本套教材主要适用于用人企业招聘专员、人力资源服务机构从业人员和劳务经纪人等服务人员相关技能培训，旨在提升其运用互联网服务平台开展直播带岗的能力水平。

　　本套教材由《互联网招聘培训教程（直播带岗）》（以下简称《培训教程》）和《互联网招聘实训手册（直播带岗）》（以下简称《实训手册》）两部分构成。

　　《培训教程》围绕认知、筹划、运营、实战、提升五个方面，系统阐述了直播带岗的概念、行业发展趋势和方向、主要形式和主要收益方式，直播带岗平台、现场、人员、选岗、资金五个方面的筹划工作，直播带岗运营的关键知识和技能，直播带岗准备、实施、复盘与优化的方法和技巧，以及职业指导尤其是模拟面试的组织实施要求等。

　　《实训手册》与《培训教程》配套使用，包含了16个实训任务，从直播带岗账号注册到了解平台规则，从直播带岗"人、岗、场"的筹划到运营，从直播带岗实战操作到复盘优化，从直播带岗职业能力探索到提升，旨在帮助学员更好地将理论知识运用于实践，通过完成实训任务，掌握互联网招聘（直播带岗）的基本知识和技能。

　　本套教材在编写过程中得到了贵州省人力资源和社会保障厅的大力支持，得到了六盘水市人力资源和社会保障局的帮助指导，六盘水市师之道创业指导有限责任公司组织开展了大量教材研讨交流、试用完善等工作，在此一并感谢。

　　限于编者水平，书中不妥之处在所难免，恳请读者批评指正。

互联网招聘（直播带岗）系列课程研发小组

目 录
CONTENTS

认知篇
COGNITIVE PART

第一章	认识直播带岗			
		第一节	直播带岗的概念及发展历程	3
		第二节	直播带岗的现状及发展趋势	4
		第三节	直播带岗的主要形式	6
		第四节	直播带岗的主要收益方式	6

筹划篇
PLAN ARTICLE

第二章	直播带岗平台筹划			
		第一节	直播带岗平台选择	11
		第二节	熟悉平台规则	12
		第三节	避免违规直播	15

第三章	直播带岗现场筹划			
		第一节	直播场景搭建	18
		第二节	直播间基础配置	20

第四章	直播带岗人员筹划			
		第一节	构建直播团队	25
		第二节	打造人气主播	28

第五章	直播带岗选岗筹划	第一节 选岗维度	33
		第二节 选岗步骤	34
		第三节 直播间岗位呈现形式	37

| 第六章 | 直播带岗资金筹划 | 第一节 投资预测 | 40 |
| | | 第二节 流动资金预测 | 41 |

运营篇
OPERATION PART

第七章	直播带岗运营	第一节 直播带岗运营形式	47
		第二节 直播带岗运营关键要素	50
		第三节 直播带岗运营设计	53

实战篇
ACTUAL COMBAT

第八章	直播带岗实战	第一节 带岗直播前的准备	63
		第二节 带岗直播中的实施	72
		第三节 带岗直播后的复盘	74
		第四节 直播带岗运营优化	76

提升篇
ASCENSION PART

| 第九章 | 直播带岗职业指导 | 第一节 职业指导基本知识 | 83 |
| | | 第二节 直播带岗职业指导技术 | 83 |

认知篇 COGNITIVE PART

知识目标

▸ 了解直播带岗的概念。

技能目标

▸ 了解行业发展趋势和方向。

职业素养

▸ 对自己所从事的行业、领域有深入的了解和掌握，以便能为企业和求职者提供准确、有用的信息及建议。

认知篇

引言

　　随着互联网技术的飞速发展，直播带岗这一新型的招聘模式应运而生。作为一种依托互联网服务平台，直接将企业招聘信息和岗位细节等展示给求职者的招聘模式，直播带岗在短短几年内迅速风靡全国，获得企业和求职者双方共同青睐。在传统的招聘模式下，企业通过招聘网站、人力资源市场等途径发布招聘信息，然后等待求职者投递简历，不仅耗时较长，还可能出现信息传递的误差，导致部分优秀的求职者被漏选；对于求职者来说，他们需要通过浏览大量的招聘信息来寻找适合自己的工作，过程烦琐，效率相对较低。直播带岗则有效解决了这些问题：企业可以通过直播直接向求职者展示企业招聘信息和岗位细节等，而求职者也可以在观看直播的同时了解企业的背景、文化以及岗位信息，从而更好地做出求职决策。直播带岗这种新型的招聘模式打破了传统招聘模式在时间和空间上的限制，让企业和求职者能够更直接、更快速地进行交流，信息传递更为直接、准确，大大提高了招聘效率。我们期待直播带岗能够不断完善，更好地服务于企业和求职者。

第一章 认识直播带岗

第一节 直播带岗的概念及发展历程

随着互联网技术的发展，特别是短视频和直播的兴起，直播带岗逐渐受到企业和求职者的青睐。企业和求职者可以通过直播平台进行更高效、更精准的招聘和求职活动。直播带岗可以让企业以更真实、更直观的方式展示企业环境、工作氛围和招聘岗位，让求职者更好地了解企业。

一、直播带岗的概念

直播带岗，即依托互联网服务平台，使用互联网技术，通过直播方式进行线上招聘，是一种新型的招聘模式。主播用视频、图片等方式介绍用人企业和岗位的工作场景，进入直播间的观众（多为求职者）可以随时向主播提问，主播与直播间的观众现场互动，解答问题。直播带岗打破了企业和求职者之间的信息壁垒，企业可以在直播中与求职者进行实时互动，解答求职者的疑问，增强求职者对企业的信任感；求职者无需离岗（校）就能了解到企业的招聘情况，同时可以通过直播与企业进行互动，提高求职效率，更好地实现人岗匹配。

二、直播带岗的发展历程

可以预见，随着技术的发展，直播带岗将会更加普及，成为企业招聘和求职者求职的主要方式之一。直播带岗发展至今，共经历了四个阶段，如图 1-1 所示。

（一）直播带岗萌芽期（2014—2016 年）

最早的直播带岗可以追溯到 2014 年，当时直播平台兴起，一些企业通过直播平台进行产品展示和营销。在这种背景下，有些企业开始尝试通过直播平台进行招聘，但是由于当时直播平台还处于起步阶段，因此招聘效果并不理想。

（二）直播带岗探索期（2017—2019 年）

2017—2019 年，随着直播平台的逐渐成熟，一些企业开始探索如何更好地利用直播平台进行招聘。例如，通过直播展示企业环境和文化，通过直播互动了解求职者的技能和经验等。越来越多的企业开始尝试利用直播平台进行招聘。

◉ 图1-1 直播带岗的发展历程

（三）直播带岗成长期（2020—2021年）

2020—2021年，受新冠肺炎疫情影响，越来越多的人开始使用直播平台进行各种活动，这也促进了直播带岗的快速发展。新冠肺炎疫情防控期间，多省人力资源社会保障部门受直播带货启发，开始直播带岗的新尝试，帮助用人企业与求职者通过网络实现"云端洽谈"，对于解决新冠肺炎疫情防控期间的就业问题起到了很大作用。有些企业开始尝试通过直播带岗吸引更多的求职者，利用直播带岗来提高招聘效率。

（四）直播带岗成熟期（2022年至今）

2022年至今，直播带岗已经成为招聘市场的主流形式之一。2022年，国务院发展研究中心发布《建议疫情期间借力"直播带岗"促进蓝领就业》报告，指出直播带岗降低了招聘成本，增强了供求双方匹配精准性，提升了就业服务效率。据统计，2022年国内直播带岗市场规模已达数亿元人民币，且后续还在不断增长。在这个阶段，有些企业开始探索如何通过直播带岗提高招聘质量、降低招聘成本。

第二节　直播带岗的现状及发展趋势

直播带岗不仅为求职者提供了更多的就业机会，也为企业招聘提供了更广阔的渠道。随着互联网技术的不断发展，直播带岗将继续保持快速发展的态势。

一、直播带岗的现状

直播带岗作为一种新型招聘模式，正逐渐成为人力资源就业服务领域的一大亮点，它借助数字技术与公共服务的融合，为用人企业和求职者提供了一个互动即时、体验直观、对接精准的平台。

目前，多地政府部门提出要打造直播带岗基地、利用直播技术优势培育特色服务品牌、提升主播技能和强化入网政策支持等举措，以促进直播带岗服务的专业化和标准化；多地针对蓝领、大学生、农民工、退役军人等群体举行直播带岗专场活动，广受欢迎；直播带岗逐渐从人力资源服务线上专场招聘活动发展成为各地推动就业的常态化新举措。

2022年9月，中国青年报社社会调查中心联合问卷网对2 004名受访者进行有关直播带岗的调查，调查结果显示，有73.5%的受访者参加过直播带岗，86.5%的受访者认为直播带岗让求职更加便利了。

尽管直播带岗具有许多优势，但也面临一些挑战。例如，一些求职者反映，在直播过程中无法与用人单位进行深入交流，也无法了解岗位的详细信息；直播带岗并不能完全代替传统的招聘模式，一些需求复杂的岗位仍然需要通过传统的面试和评估流程来招聘；作为一种新型的招聘模式，直播带岗相关法律法规和监管措施还需逐步完善。

随着技术的不断发展，相信直播带岗将越来越成熟，在各地政府、企业和平台的共同推动下，这种招聘模式也将逐渐成为常态，为解决就业问题做出更大的贡献。

二、直播带岗的发展趋势

（一）直播带岗将更加普及化

随着互联网的普及和移动设备的广泛使用，越来越多的求职者认识和接受直播带岗这种模式，通过直播带岗来寻找适合自己的工作。同时，越来越多的企业也会采用直播带岗来宣传企业、招聘人才。

（二）直播带岗将更加智能化

随着人工智能技术的发展，直播带岗将更加智能化，能够更好地满足企业和求职者的需求。例如，利用人工智能技术，可以将求职者的简历与岗位需求进行智能匹配，从而为求职者提供更精准的岗位推荐；也可以对企业的招聘需求进行智能分析，从而为企业提供更合适的招聘方案。

（三）直播带岗将更加多元化

目前，直播带岗主要集中在一些基础岗位的招聘领域，内容和形式还比较单一。随着直播带岗的普及和技术的不断进步，直播带岗的内容和形式也将不断创新，岗位更加丰富，内容更加多元，形式更加多样。例如，企业可以通过直播带岗来宣传企业文化，与求职者进行更全面、深入的交流和互动，实现人才和企业的精准高效对接。

（四）直播带岗将更加规范化

近年来，直播带岗蓬勃发展，与此同时也暴露出不少问题。例如，一些直播间虚假宣传、夸大岗位优势和待遇，与实际情况出入较大等。直播带岗要想做大做强，就必然需要对其加强规范管理，只有这样，才能获得更多求职者的信任，才能吸引更多企业走进直播间进行招聘。

2023年12月28日，《人力资源社会保障部办公厅关于推进直播带岗在就业公共服务领域应用的通知》发布，指出各地要对就业公共服务领域直播带岗活动进行规范管理，严格审查参与直播活动的经营性人力资源服务机构许可资质、企业资质和招聘岗位信息，不得设置或者发布歧视性内容，确保发布信息和直播内容真实、合法。要主动接受社会监督，推动直播带岗工作健康开展。

第三节　直播带岗的主要形式

一、企业自播

企业自播通常由企业人力资源主管或相关负责人担任主播，通过直播平台向求职者介绍企业的招聘岗位、薪资待遇、工作环境等信息，同时回答求职者的在线提问。这种形式的特点在于能够帮助求职者更加深入地了解企业，增加企业的曝光度和知名度，同时降低招聘成本和提高招聘效率。

二、直播招聘会

直播招聘会是一种由政府、行业协会或人力资源服务机构组织的线上招聘活动。通过直播，将多家企业的招聘信息集中展示，方便求职者了解和选择适合自己的岗位。这种形式的特点在于能够使企业和求职者更加便捷地参与招聘活动，增加企业和求职者之间的互动和交流，促进人才的合理配置和流动。

三、职业主播推荐

职业主播推荐是指职业主播通过自己的直播平台或社交媒体平台，推荐自己认为优秀的企业及其岗位，吸引求职者关注和投递简历。这种形式的特点在于能够快速扩大求职者的受众范围，增加企业的曝光度；如果职业主播的口碑佳、影响力大，还可以提高招聘的信任度和成功率。

四、在线视频面试

在线视频面试，即通过视频聊天软件进行面试。企业和求职者可以通过在线视频进行远程交流，方便快捷。这种形式适合异地招聘或时间紧张的企业和求职者，能够节省时间和成本。

直播带岗形式多样，不同的形式各有优劣，企业可以根据自身情况和招聘需求选择适合的形式进行招聘。需要注意的是，无论采用何种形式，直播带岗都需要遵守相关法律法规和规定，保障企业和求职者的合法权益。

第四节　直播带岗的主要收益方式

直播带岗的收益方式主要有以下几种，如图1-2所示。

图 1-2 直播带岗的主要收益方式

一、佣金收入

企业在直播平台上发布岗位，直播带岗主播对企业岗位进行推荐，可以向企业收取一定比例的佣金。例如，某直播平台知名主播与多家大型企业合作，发布了大量优质岗位，帮助企业招聘到大量优秀员工，主播帮助企业每招聘到一名合格的求职者，就可以获得一定比例的佣金收入。

二、广告收入

直播带岗主播可以与企业合作，在直播带岗过程中穿插企业广告，或与企业联合举办活动，从而获得广告收入。

三、增值服务收入

直播带岗的同时还可以提供一些增值服务，如简历修改、面试辅导、就业指导、职业生涯规划指导、专业技能培训等，从而获得额外收入。例如，主播可以针对求职者需求，提供面试技巧、职场沟通、简历制作等线上或线下培训课程，收取培训费用；也可以为求职者提供一对一的职业生涯规划指导，帮助他们了解自己的兴趣、特长和职业发展方向，以便做出正确的职业选择，这种服务一般按服务时间（小时）收费；还可以向观众有偿提供一些独家资源，如行业报告、求职攻略、职场经验等。

四、虚拟礼物收入

直播带岗过程中，观众可能会通过赠送虚拟礼物等方式来表达对主播或直播内容的支持和赞赏。主播可以接受观众打赏的虚拟礼物来获得收入。主播在直播间中可获得多少收入与直播间观众人数、观众送礼物的比例及虚拟礼物的价值等直接相关。此外，直播平台通常会从这部分虚拟礼物收入中抽取一定比例的佣金。

第一章 认识直播带岗

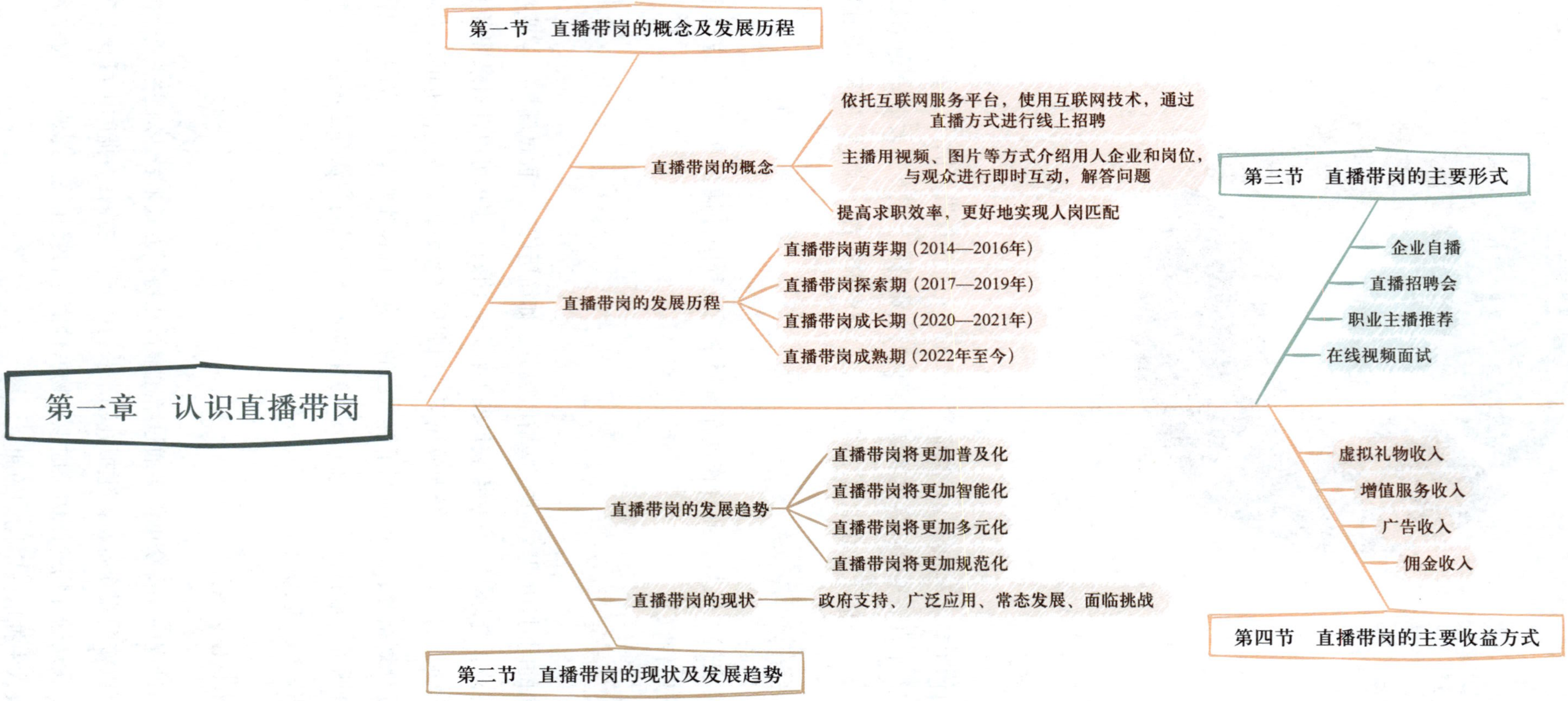

小结

第一节 直播带岗的概念及发展历程

- 直播带岗的概念
  - 依托互联网服务平台，使用互联网技术，通过直播方式进行线上招聘
  - 主播用视频、图片等方式介绍用人企业和岗位，与观众进行即时互动，解答问题
  - 提高求职效率，更好地实现人岗匹配
- 直播带岗的发展历程
  - 直播带岗萌芽期（2014—2016年）
  - 直播带岗探索期（2017—2019年）
  - 直播带岗成长期（2020—2021年）
  - 直播带岗成熟期（2022年至今）

第二节 直播带岗的现状及发展趋势

- 直播带岗的发展趋势
  - 直播带岗将更加普及化
  - 直播带岗将更加智能化
  - 直播带岗将更加多元化
  - 直播带岗将更加规范化
- 直播带岗的现状
  - 政府支持、广泛应用、常态发展、面临挑战

第三节 直播带岗的主要形式

- 企业自播
- 直播招聘会
- 职业主播推荐
- 在线视频面试

第四节 直播带岗的主要收益方式

- 虚拟礼物收入
- 增值服务收入
- 广告收入
- 佣金收入

筹划篇
PLAN ARTICLE

知识目标

▶ 了解"人""岗""场"的筹划方法和步骤。

技能目标

▶ 完成直播带岗"人""岗""场"的筹划。
▶ 预测直播带岗所需要的启动资金。

职业素养

▶ 熟悉直播平台规则,规避直播带岗风险。
▶ 掌握带岗主播应该具备的基本能力、带岗能力和职业指导能力。

引言 筹划篇

通过前面课程的学习,我们了解了直播带岗的发展历程、主要形式和收益方式等,本篇重点学习直播带岗相关筹划工作。直播前,带岗主播和用人企业需要考虑以下问题:

- 选择在哪个平台开播?
- 如何选择和布置直播场景?
- 如何构建直播带岗团队?如何打造带岗主播?
- 选岗要考虑哪些维度,遵循哪些步骤?
- 为保障直播带岗项目正常运转,需要投入的资金如何测算?

本篇将从平台、现场、人员、选岗、资金五个方面详细介绍直播带岗筹划的核心内容,帮助主播和用人企业解决上述问题。

第二章 直播带岗平台筹划

筹划直播带岗平台，一是要明确平台的目标用户群体，目前直播带岗主要面向求职者和企业招聘者，因此，筹划平台时需要充分考虑这两个群体的需求和痛点；二是要确定平台的核心功能，一般来说，直播带岗平台应该具备直播间管理、招聘信息发布、求职者互动、数据分析等核心功能，便于帮助企业和求职者更好地进行沟通和交流。

第一节 直播带岗平台选择

目前主流的直播平台很多，这里主要介绍抖音、快手、视频号平台，它们功能相对齐全，可以作为直播带岗的阵地，而且这些平台坐拥上亿流量，求职信息投递转化路径有相似之处，用户可以在直播间点击链接直接投递简历，便于企业开展招聘活动。

相比较而言，抖音流量池大，覆盖人群更广，但传播分享功能略显不足；快手定位于下沉市场，与"老铁"们的距离更近，有着强大的用户优势，但直播需投入的运营成本较高；视频号自带微信流量优势，与企业的招聘公众号、招聘微官网、朋友圈链接。

三个平台的具体差异可以从平台入驻条件、平台特点、用户规模、人群画像、直播转化方式、用户传播方式等维度进行分析，见表2-1，选择时可根据企业招聘需求确定。

表2-1 主流直播平台对比分析

平台 维度	抖音	快手	视频号
平台入驻条件	按照平台要求提交企业资质，经平台审核通过后可开通人力资源招聘白名单权限	开通"快聘"账号，按平台要求提交企业资质，入驻一段时间后平台会从直播内容、短视频内容等维度进行考核	开通视频号后，进行机构/企业认证（可以使用已开通的公众号辅助认证），完成认证后即可直播
平台特点	娱乐属性强，社交属性弱	定位于下沉市场，"老铁"文化	熟人社交，作为微信生态的视频平台拥有天然流量
用户规模	月活跃用户9.2亿人	月活跃用户6.7亿人	月活跃用户8亿人
人群画像	人群较为广泛，男女比例约4:6	以二线以下城市"小镇青年"为主	20~45岁人群居多
直播转化方式	在直播中打开招聘岗位列表，求职者选择投递简历	在直播间嵌入单个岗位，求职者选择投递简历	从直播间进入微官网岗位列表，求职者可选择一键投递，还可以选择浏览企业招聘微官网
用户传播方式	分享至个人动态	分享岗位给微信好友和朋友圈	分享直播间给微信好友或朋友圈，转发岗位给微信好友

企业在利用抖音、快手、视频号平台推荐岗位时，应选择适合自己和目标群体的平台，并利用平台特性和内容创新来吸引更多的观众，尤其是求职者。而且，企业需要保持发布频率，积极互动，以便更好地推广企业的岗位。

第二节　熟悉平台规则

随着网络直播的发展，为遏制直播行业乱象，规范直播环境，整治网络低俗媚俗之风，营造积极向上的直播生态，每个直播平台都制定了自己的直播规则，企业或带岗主播无论选择哪一个平台，首先都要熟悉平台规则。

平台不同，规则也会有所不同，这些规则会被明确公布在平台适当位置，以下主要介绍抖音、快手、视频号平台的规则入口，方便企业或带岗主播查看学习，并在直播带岗过程中自觉遵守。这里需要注意的是，各平台在运营过程中会因各种原因适时调整平台规则，入口位置也可能随平台系统升级优化而有所变化，企业或带岗主播须随时关注。

一、抖音个人号规则入口

抖音个人号规则入口如图 2-1 所示。

1. 打开抖音 App，点击右下角的"我"图标进入个人主页，在个人主页中点击右上角的"≡"图标。
2. 进入设置页面后，点击"抖音创作者中心"选项。
3. 点击"全部"选项进入"工具服务"页面。
4. 在"工具服务"页面中点击"规则中心"选项，即可查看抖音个人号相关规则。

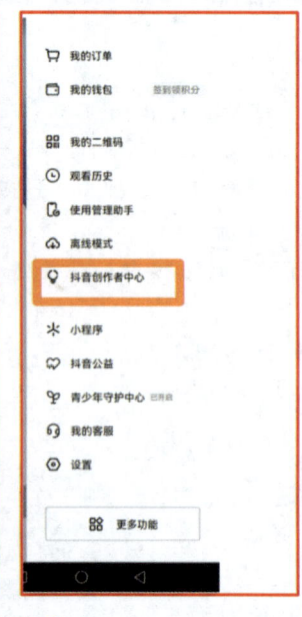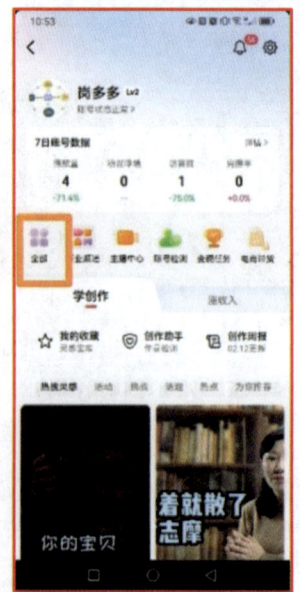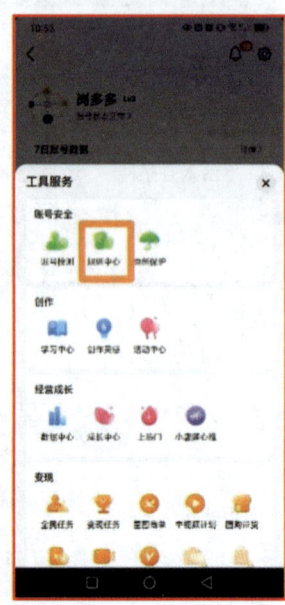

◉ 图 2-1　抖音个人号规则入口

二、快手个人号规则入口

快手个人号规则入口如图 2-2 所示。

1. 打开快手 App，点击右下角的"我"图标进入个人主页，在个人主页中点击右上角的"…"图标。

2. 进入设置页面后，点击"创作者中心"选项。

3. 在"创作者中心"页面中点击"创作者学院"选项，即可查看快手个人号相关规则。

◉ 图 2-2　快手个人号规则入口

三、视频号规则入口

视频号规则入口如图 2-3 所示。

1. 打开微信 App，点击页面下方的"发现"图标，然后点击"视频号"选项，接着点击右上角的"👤"图标进入个人信息页，在个人信息页中点击"创作者中心"选项。

2. 进入"创作者服务"页面后，点击"创作者课堂"选项。

3. 在"创作者课堂"页面中可选择相应规则查看学习。

四、抖音企业号规则入口

抖音企业号规则入口如图 2-4 所示。

1. 打开抖音 App，点击右下角的"我"图标进入企业主页，然后在企业主页中点击右上角的"≡"图标进入设置页面，在设置页面中点击"企业服务中心"选项。

2. 在企业服务中心页面中，点击"创作者中心"选项。

3. 进入"我的服务"页面后，点击"规则中心"选项即可查看抖音企业号相关规则。

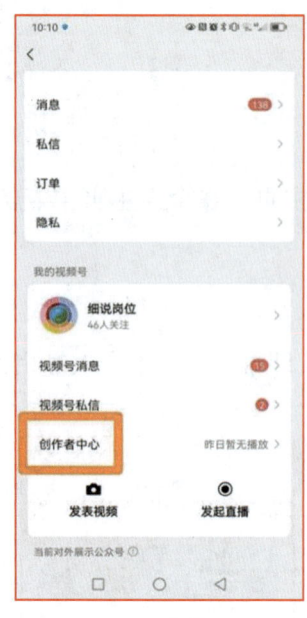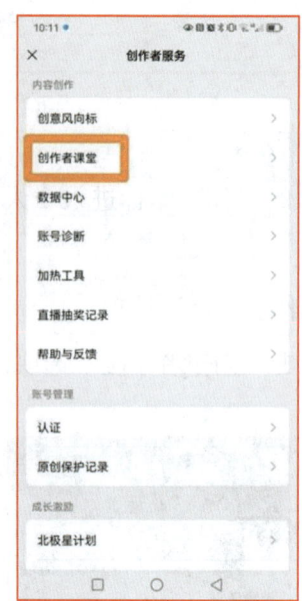

◉ 图 2-3　视频号规则入口

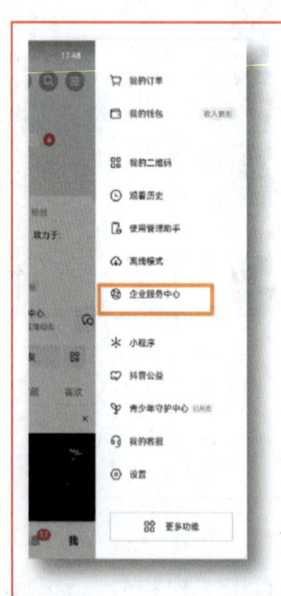

◉ 图 2-4　抖音企业号规则入口

五、快手企业号规则入口

快手企业号规则入口如图 2-5 所示。

1. 打开快手 App，点击右下角的"我"图标进入企业主页，在企业主页中点击右上角的"…"图标进入设置页面，在设置页面中点击"企业服务中心"选项进入"创作者中心"页面，然后点击"客服中心"选项。

2. 进入"工具中心"页面后，点击"小店规则"选项。

3. 在弹出页面中点击"社区规则"选项，即可查看快手企业号相关规则。

  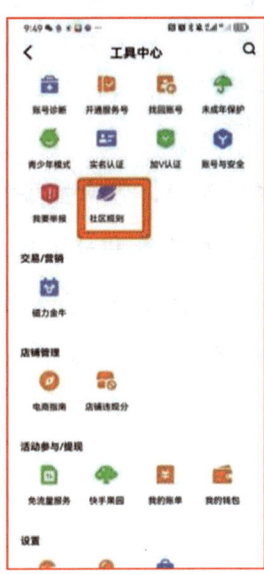

图 2-5　快手企业号规则入口

第三节　避免违规直播

直播过程中一旦触犯有关法律法规及平台规则，就会受到相应处罚，如罚款、禁播等，甚至承担相应法律责任。企业或带岗主播要树立规范直播意识，认真学习领会平台规则要求，坚决避免违规直播。虽然各直播平台因定位和业务范围等差异制定的规则不同，但其重要规则基本一致，归纳起来主要包括以下方面。

1. 避免直播涉及色情、暴力、恐怖等内容。这些导向不良的内容可能会对直播间观众造成不良影响，对此所有直播平台都是明令禁止的。

2. 避免直播涉及侵犯他人隐私、肖像权、著作权等问题。例如，未经他人允许，公开其照片、视频等隐私信息，或者未经著作权人许可，公开其作品等，都属于违规直播。

3. 避免出现违法犯罪行为。例如，在直播中宣传或实施诈骗、赌博等行为，直播推荐违规岗位或企业（如不与员工签订劳动合同、不缴纳社会保险等的企业）等。

4. 避免出现恶意攻击、辱骂、诽谤等言论或行为。例如，有些直播带岗活动中存在冒充企业人力资源主管、冒充求职者，对求职者或用人企业进行恶意攻击等行为，这些行为严重影响了直播环境，可能会对他人造成伤害，也可能会引起公众不满，应采取措施坚决制止。

5. 避免出现违反社会公德、伦理道德等言论或行为。例如，直播中内容存在性别歧视、地域歧视，恶意挑衅、宣扬仇恨等倾向，就属于违规行为。

6. 避免出现其他违反平台规则的直播言论或行为。例如，在直播中进行虚假宣传，夸大薪金待遇、虚构企业背景，使用违规软件、恶意刷屏，诱导求职者缴纳报名费、培训费等，都属于违规行为。

总之，不论是直播场景布置，带岗主播的着装、言行，还是直播内容以及企业和招聘岗位信息，都必须符合有关规定。

小贴士

直播带岗中,带岗主播推荐的并非普通商品,而是就业岗位,因而主播应具有较好的品德修养和较强的社会责任感,熟悉就业有关政策、相关法律法规等,能够准确判断相关企业、人员等内容的合法合规性,避免误踩"红线",误入"雷区",给自身和社会造成不良后果。

实训任务1、2

1. 完成《互联网招聘实训手册(直播带岗)》(以下简称《实训手册》)第1~2页任务,下载并安装一款直播平台App,找到平台规则入口并了解平台规则。

2. 完成《实训手册》第3~4页任务,注册直播带岗账号,入驻平台。

第二章 直播带岗平台筹划

小结

```
第二章 直播带岗平台筹划
├── 第一节 直播带岗平台选择
│   ├── 主流直播平台对比分析 ── 从平台入驻条件、平台特点、用户规模、人群画像、直播转化方式、用户传播方式等维度分析
├── 第二节 熟悉平台规则
│   ├── 快手企业号规则入口
│   ├── 抖音企业号规则入口
│   ├── 视频号规则入口
│   ├── 快手个人号规则入口
│   └── 抖音个人号规则入口
└── 第三节 避免违规直播
    ├── 避免直播涉及色情、暴力、恐怖等内容
    ├── 避免直播涉及侵犯他人隐私、肖像权、著作权等问题
    ├── 避免出现违法犯罪行为
    ├── 避免出现恶意攻击、辱骂、诽谤等言论或行为
    ├── 避免出现违反社会公德、伦理道德等言论或行为
    └── 避免出现其他违反平台规则的直播言论或行为
```

第三章 直播带岗现场筹划

在正式开展直播带岗活动前，做好直播带岗的现场筹划是至关重要的，配备相应的硬件设施以及场景装饰必不可少。对于没有直播带岗经验的新手团队而言，如何做好直播带岗场景的选择与布置、硬件配置和软件调试是很有挑战性的事情，尤其是在企业不太清楚如何直播带岗或者资金有限的情况下，简单高效的直播带岗现场筹划尤为重要。

第一节 直播场景搭建

直播场景按照空间是否封闭可分为室内场景和室外场景两种，这两种场景都适用于直播带岗。此外，直播也有虚拟直播和实景直播之分。本节主要介绍虚拟直播间和实景直播间的搭建技巧。

一、虚拟直播间搭建技巧

虚拟直播是一种虚拟与现实相结合的新型直播方式，它通过绿幕实时抠像将真实人物与虚拟场景/产品相结合，广泛应用于电商直播、娱乐直播、在线教育、虚拟发布会等领域。与实景直播相比，虚拟直播可以更快速地搭建直播场景，并且能够实现更多的创意和互动性。以下介绍一些搭建虚拟直播间的技巧。

（一）明确主题

虚拟直播间需要有明确的主题和内容，以便设计虚拟背景，确保直播过程有条不紊。

（二）准备设备

虚拟直播间所需设备要提前准备好，如高性能的计算机、高清晰度摄像头、声卡、麦克风、灯光设备、绿幕、直播素材等，设备的性能和效果应符合直播带岗要求。

（三）选择软件

虚拟直播间需要使用相应的软件进行搭建，如直播伴侣、OBS（Open Broadcaster Software）等，直播团队要熟悉软件的使用方法，以确保能够顺利搭建虚拟场景。

（四）布置场景

虚拟直播间的场景布置应符合直播主题和风格，同时需要注意光线、色彩等因素，以确保直播效果最佳。

（五）设置音效

可使用背景音乐或音效来营造直播氛围，增强直播间活动趣味性和观众的体验感。但要注意音量适中,不要干扰主播讲话,影响观众的观看体验。

搭建虚拟直播间要考虑多方面因素,需要不断尝试、调整和优化。

二、实景直播间搭建技巧

实景直播间是一种基于特定硬件设备和技术手段实现实时拍摄和传输的直播形式,能呈现出高度逼真的现场感。实景直播间通常包括企业具体场景,如会客厅、文化墙、海报展板或纯白背景等,直播团队可根据直播主题进行调整。实景直播间的现场布置对于直播效果至关重要。以下介绍一些常用的实景直播间现场布置技巧。

(一)主题选择

根据直播内容和目标受众,选择一个合适的主题。主题可以是岗位展示、讲座、访谈等,确保与直播带岗内容相符。

(二)背景布置

选择合适的背景,如墙壁、幕布等,以突出主播和主要场景。可以使用海报、图片、装饰物等来增强视觉效果。

(三)设备使用

和搭建虚拟直播间一样,需要准备好所需设备,如智能手机、声卡、麦克风、灯光设备、直播道具等。

(四)色彩搭配

根据直播带岗主题和企业品牌形象,选择合适的颜色进行搭配。可以使用色彩对比或色彩平衡来增强视觉吸引力。

(五)照明设计

合理设计照明方案,确保整个直播间光线明亮且均匀。可以使用主光源、补光灯、背景灯等来调整光线效果。

(六)音效设置

与虚拟直播间的音效设置相似,实景直播间也需要使用背景音乐或音效来营造直播氛围,增强直播间活动趣味性和观众的体验感。

直播过程中,可以根据观众的反馈和直播效果适时调整直播间布局、道具、灯光等,优化现场环境。

实训任务3

完成《实训手册》第5~6页任务,制作直播间背景图,可利用有关模板完成。

小贴士

直播场景搭建需要根据企业的实际情况量力而行,先进行基础设备的投入,后期再根据发展需要添置设备,避免短期内企业资金压力过大。

第二节 直播间基础配置

如何根据直播场景和内容选择适合的硬件设备并确定直播间的基础搭建是很有挑战性的事情,无论你是直播带岗新手,还是有一定经验的带岗主播,直播前都需要做好筹划,制订适合自己的基础配置方案。

一、硬件配置

(一)画面采集设备

直播间画面可以通过智能手机、计算机和摄像头、专业摄像机等设备来采集。这几种设备的专业化程度依次提高,企业可结合项目不同发展阶段的具体需求和资金情况进行选择,新企业在初次开展直播带岗活动时,建议采用智能手机或计算机和摄像头来完成画面采集工作。

1. 智能手机

只要有网络,选择智能手机可以随时随地进行直播,非常方便。主播选择使用智能手机直播时,观众可以随时反馈,主播也可以及时回复,增强观众的参与感。由于直播推流对硬件要求较高,所以应尽量选择CPU性能较好的智能手机。为便于与观众互动,建议同时使用两部智能手机,一部用于直播,另一部用于随时查看观众的互动信息并及时回复。

2. 计算机和摄像头

使用计算机和摄像头可以获得更清晰的画质,更好地展示直播内容,让观众更好地了解直播环境。使用计算机和摄像头直播可以添加更多的直播功能,如调整摄像头角度、添加文字和图片等,使直播更加丰富多彩;同时可以提供更顺畅的直播体验,如快速切换摄像头、调整音量和亮度等。

3. 专业摄像机

如果需要更加专业和清晰的画面,就要用到专业摄像机,如图3-1所示。单反相机也可作为专业摄像机使用,如图3-2所示。专业摄像机能够提供更稳定的画质,可用来连续直播数小时或更长时间,且中途不需要频繁切换直播软件或调整设备,从而让直播更加持久。使用专业摄像机,能够更好地管理和控制直播,如记录直播历史、调整直播时间和频率等,使直播更加有序和高效。

图 3-1 专业摄像机示例

图 3-2 单反相机示例

小贴士

为获得较好的直播效果，建议硬件设备配置 2G 或以上独立显卡、i5 或以上 CPU 以及 4G 或以上内存，使用 win7 或以上，macOS 10.13.6 或以上操作系统。

（二）声音采集设备

声音采集设备主要有声音收录设备和声卡等。

1. 声音收录设备

对于一般直播来说，使用智能手机或者摄像头自带的收音功能是完全可以满足的。如果用人企业或主播对音质要求比较高，可以选择入耳式耳麦、头戴式耳麦、动圈麦克风、电容麦克风或无线麦克风等，部分麦克风在采购时可以选择配备支架，这样使用起来更加方便。图 3-3 所示为几款常用声音收录设备。

自带收音功能摄像头

自带收音功能可拆卸式摄像头

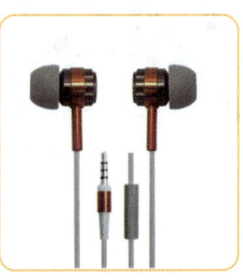
入耳式耳麦

头戴式耳麦

动圈麦克风

电容麦克风

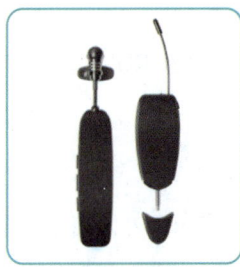
无线麦克风

图 3-3 声音收录设备示例

2. 声卡

声卡是直播环节中很重要的设备，可以起到美化主播声音的作用，同时也可以提供各种声音特效来活跃气氛，如鼓掌声、欢呼声等。目前很多声卡都可以直接与智能手机连接。图3-4所示为几款常用声卡。

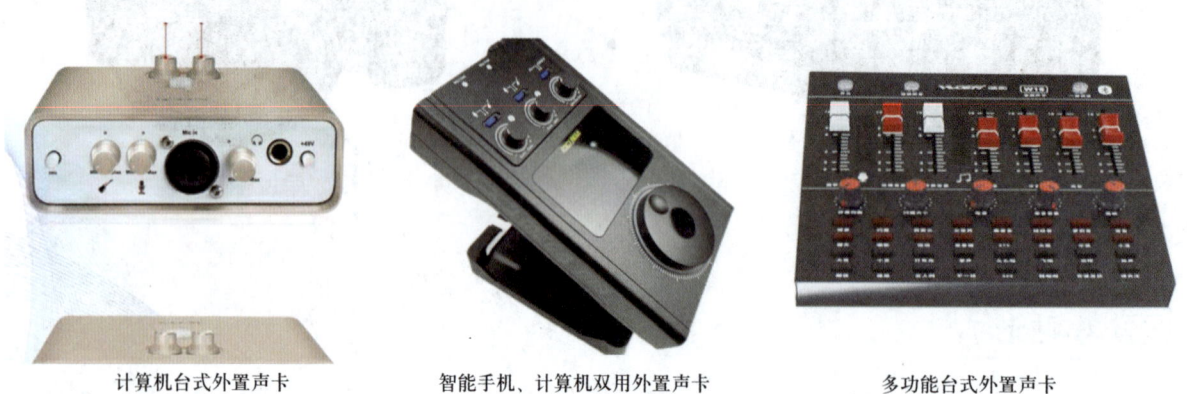

| 计算机台式外置声卡 | 智能手机、计算机双用外置声卡 | 多功能台式外置声卡 |

● 图3-4 声卡示例

（三）灯光设备

使用合适的灯光，能够避免过度曝光或出现阴影，保持画面均匀。直播间常用灯光设备有球形灯、LED灯、环形灯、方形灯箱等，如图3-5所示。

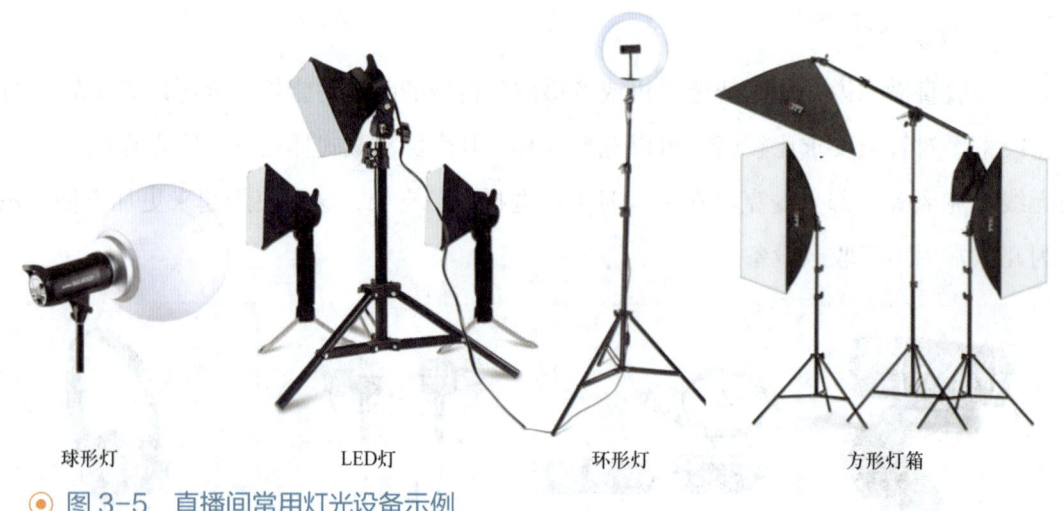

球形灯　　LED灯　　环形灯　　方形灯箱

● 图3-5 直播间常用灯光设备示例

二、软件配置

直播中，如果使用摄像机或者计算机等硬件设备，就需要辅以直播软件。以下介绍几种常用的直播软件。

（一）抖音直播伴侣

在抖音平台直播带岗，可选择抖音直播伴侣作为辅助软件，它可用于实时视频/音频捕捉与混合，支持视频直播及录制等，同时提供滤镜、色彩校正等功能，适合不同环境下多个主题的直播带岗。

（二）快手直播伴侣

在快手平台直播带岗，可选择快手直播伴侣作为辅助软件，它界面简单、功能实用，可以在利用计算机或摄像机直播时更好地呈现直播内容，还可以在计算机端观看直播效果。

（三）视频号直播工具

视频号计算机端和手机端直播软件是视频号官方提供的直播工具，它支持直播回放、商品管理、预告等多种功能，并且支持多个画面源同屏。

此外，为提升直播质量和互动效果，还可以使用其他直播辅助工具，如 OBS、智能直播助手等。OBS 可以帮助用户定制直播界面，设置画布分辨率、视频源、音频源等，提供稳定的直播连线和较低的 CPU 使用率。

使用直播软件时要注意，只有通过认证的账号才能申请直播权限。

三、网络配置

网络环境质量直接影响观众端观看的流畅度。稳定的高速网络连接对确保直播质量、优化观众体验非常重要。直播前应进行充分的测试和准备，避免直播过程中出现技术问题。

直播时网络配置要充分考虑网络安全性、适应不同网络环境的能力以及硬件性能等方面，建议使用有线网络连接以确保稳定性，如果使用 Wi-Fi 或移动网络，需要确保直播场地内信号稳定；建议上行带宽至少为 4 Mbps，以保证流畅的直播体验。要想提供高清晰度和流畅度的直播体验，如 2 K 分辨率和 60 fps 的帧率，则需要更高的硬件配置和更好的网络条件。

完成《实训手册》第 7~8 页任务，以小组为单位，完成直播场景搭建。

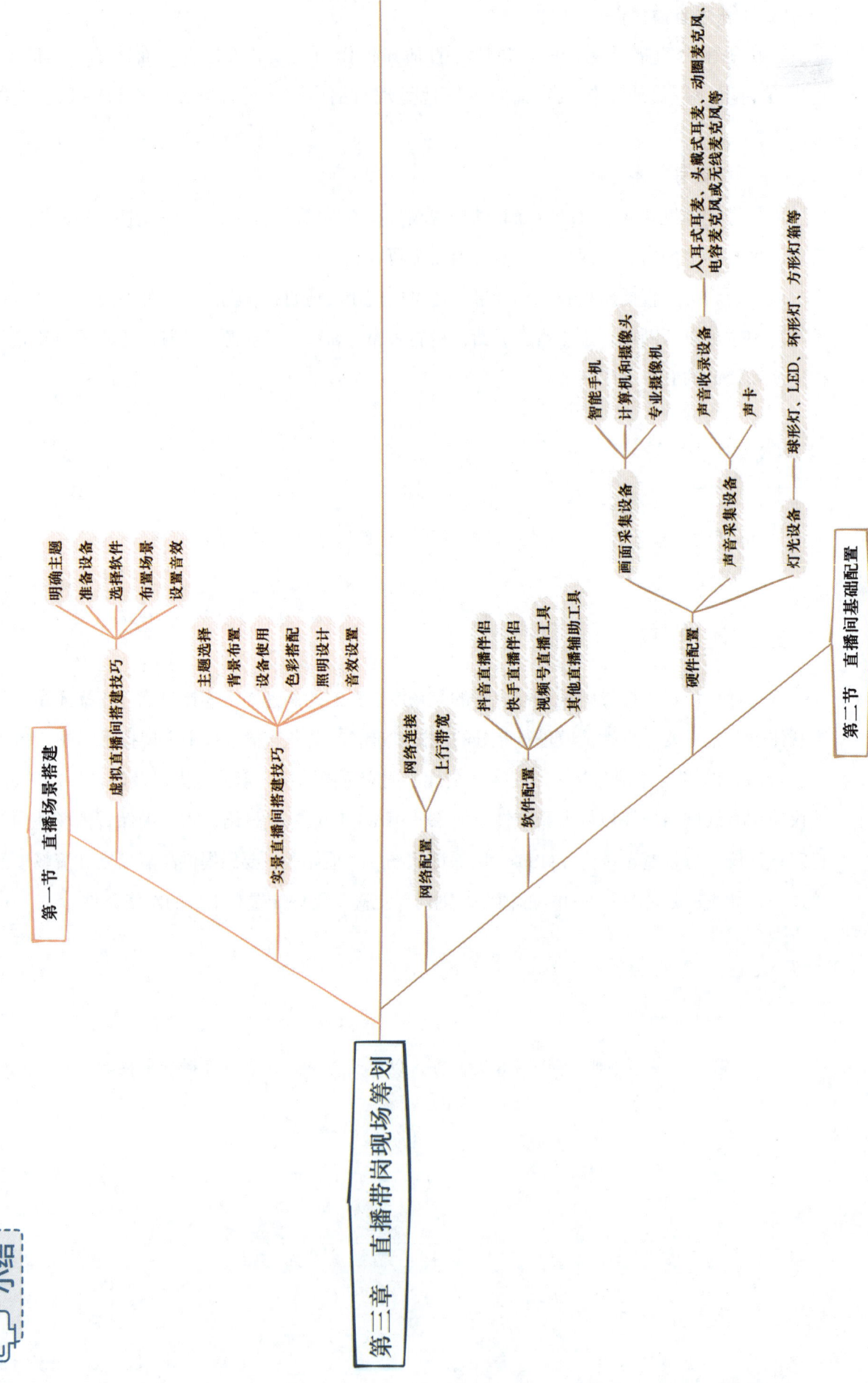

第四章 直播带岗人员筹划

人员筹划对于直播带岗至关重要。只有精心的筹划和准备，才能确保直播带岗活动的顺利进行和目标实现。要成功地进行直播带岗，关键在于拥有一支专业、高效的团队。本章将提供一系列关于筹划直播带岗人员的方法和技巧，帮助直播团队在激烈的市场竞争中脱颖而出。

第一节　构建直播团队

构建直播团队需要综合考虑直播带岗项目定位、业务发展规划、主播的选择与培养、团队成员的分工协作、直播内容与流程设计、技术与设备配置等多方面因素，以确保直播带岗项目和团队的稳定发展。

一、团队岗位及职责分工

合理的岗位设置和明确的职责分工是团队成功运作的基石。只有每位成员都清楚自己和他人的责任范围，团队才能像精密的钟表那样运转，每个齿轮都恰到好处地发挥着自己的作用。一般来说，直播团队应设置主播、助理、场控、运营、编导、选岗和客服7类岗位，各岗位职责见表4-1。

表4-1　直播团队岗位及职责分工

职责 岗位	直播前职责	直播中职责	直播后职责
主播	1. 熟悉脚本，提前1小时到直播间，熟悉整个直播流程和营销方案，调整好状态，做好开播准备 2. 注重仪容仪表，着装与直播背景格调一致 3. 对设备进行相关调试 4. 熟悉、避免违禁词 5. 设置封面、标题、话题，做好每场直播的投流/预告和活动规划	1. 主持和讲解，做好开播互动 2. 引导观众参与活动 3. 回答观众问题，设计公屏弹幕活动 4. 保持良好的心态和应变能力 5. 做好时间管理，控制好整场直播的时间和节奏	1. 下播后2个小时内复盘，总结本场直播做得好的地方，继续保持；分析本场直播做得不好的地方，加以改进，做到当日问题当日解决 2. 总结专业知识，收集话术，提升专业水平，拟订新的直播带岗方案，发掘热门岗位、流行趋势，并做好记录整理
助理	1. 提前1小时到直播间，熟悉整个直播流程和营销方案 2. 注重仪容仪表，着装与直播背景格调一致 3. 调整状态，准备开播 4. 对设备进行相关调试 5. 协助主播做好每场直播的投流/预告和活动规划	1. 协助主播做好直播互动 2. 引导观众参与活动 3. 配合主播回答观众问题 4. 保持良好的心态和应变能力 5. 收集直播过程中存在的问题，以便复盘	1. 下播后协助主播复盘，还原直播过程，然后找出做得好的地方继续保持，找出做得不好的地方加以改进，做到当日问题当日解决，并做好记录整理 2. 协助主播完成活动的后续工作，确定下场直播带岗方案

续表

职责 岗位	直播前职责	直播中职责	直播后职责
场控	1. 负责推送岗位信息，制作岗位链接，实时更新 2. 开播前1小时检查直播间设备、直播账号、直播间人员等是否准备到位，做好开播前准备 3. 负责直播现场的后勤支持，包括道具、材料等的实时跟进 4. 开播前30分钟发布一个垂直引流视频	1. 开播后，前5分钟发红包和福袋等；前30分钟，须大力引导互动、点赞、加团，确保观众平均停留时长大于1分钟 2. 开播后时时掌握数据波动，及时和主播沟通调整，严密配合主播营造、管理直播间氛围，做到数据波动秒处理、恶意黑号秒处理 3. 配合主播搭话，配合营造直播间气氛，反馈直播过程中出现的各种问题 4. 负责活动现场调度和协调，实时与主播、运营进行沟通，通过数据反馈调整，把握直播节奏，确保活动顺利进行	1. 下播后及时记录直播数据，和主播复盘，研究总结直播过程中出现的问题，商讨研究解决方案，做到当日问题当日解决 2. 负责活动后的现场清洁和整理
运营	1. 负责活动的策划和组织，包括确定活动主题、流程和开展活动宣传等 2. 负责活动数据统计和分析，包括统计和分析观看人数、互动情况、转化率等 3. 负责协调合作伙伴和媒体的关系，提高活动的曝光度		
编导	1. 负责编写活动脚本和制订拍摄计划 2. 负责组织和指导演员、嘉宾等参与活动 3. 负责活动现场拍摄和剪辑		
选岗	1. 负责根据岗位需求选择合适的岗位，确保所选岗位符合活动主题和观众需求 2. 负责协调与合作方和招聘方的关系，确保选岗工作顺利进行		
客服	1. 负责接待观众的咨询和解答问题，提供专业的讲解和服务 2. 负责处理观众的投诉和建议，及时反馈给相关部门进行处理 3. 及时跟踪、回访、整理、汇总求职者意向信息		

二、团队配置与运营策略

直播团队配置方案根据团队人员构成情况、业务规模及直播目标，可以分为基础版、标配版、旗舰版三种，见表4-2。

表4-2 团队配置方案

	主播	助理	场控	运营	编导	选岗	客服
基础版（2~3人）	1人			1人			
标配版（4~7人）	1人	1人		1人	1人		
旗舰版（8人及以上）	2人	1人	1人	1人	1人	1人	1人

（一）基础版团队配置与运营策略

企业组建直播团队时，对直播带岗结果暂时没有较高要求，初期流量也不会太高，甚至没有具体、明确直播目标，靠自编、自导、自演、自播就能够完成直播工作。这时，企业可以考虑选择基础版的 2~3 人团队配置开展工作，只保留核心岗位成员。

基础版直播团队配置更适合刚开始摸索直播带岗的企业。此时的主播和运营可能对直播流程还处于了解阶段，主播的粉丝影响力比较低，直播间的推荐能力也不太明显。

基础版团队可以考虑采取以下运营策略。

1. 拍摄优质短视频

团队可以先在抖音、快手或视频号等短视频平台稳定输出优质的短视频内容，积累粉丝，从小做起。

2. 定期开展直播带岗活动

在输出优质短视频内容的同时，以定期高频率、低时长的模式尝试开展直播带岗活动。如每天 12 点或 19 点开始进行 1 小时左右的带岗直播，主播尝试从不同角度展示企业和企业岗位。此时，直播团队不必过度追求最终效果，主要目的是熟悉介绍企业和岗位的方法，但需要注意直播间观众的反应，了解采用什么样的介绍方式能够更好地吸引观众观看和交流。当然，直播时长虽短，但主播也可以穿插抽奖等活动，引导直播间观众关注账号、点赞直播间等。

3. 逐渐增加短视频的输出和直播次数与时长

随着对直播流程及企业和岗位介绍流程熟悉度的提高，直播团队可以逐渐增加直播时长。但是，由于团队人数较少，每场直播时长不建议超过 4 小时，提供的岗位也不宜过多，直播团队的工作可以慢慢地从拍短视频转到直播。

（二）标配版团队配置与运营策略

企业如果想在直播间人数较少的情况下达到较好的招聘效果，提升直播间的核心价值，直播团队就需要思考：如何打造出更优质的短视频作品和更高质量的直播效果？这就意味着要在基础版团队直播带岗效果基础上进一步优化，适当增加直播团队成员，组建标配版直播团队。

标配版直播团队一般包括 4~7 人，最基本的配置是，主播 1 人、助理 1 人、运营 1 人、编导 1 人。和基础版直播团队相比，标配版直播团队人数增加，直播策划更具专业性，直播团队对直播带岗过程也更容易把控。

标配版直播团队可以从以下几个方面调整运营策略。

1. 确定直播目标和定位

直播团队需要进一步明确直播的目的和目标受众，以便制订相应的直播策略和推广计划。

2. 优化直播内容和形式

直播团队需要对直播内容和形式进行不断优化。

3. 制订推广策略

直播团队需要制订有效的推广策略，包括社交媒体推广、广告推广、内容推广等，以提高直播的曝光率和受关注度。

4. 把控直播质量

直播团队需要对直播质量进行严格把控，包括直播场景、设备、灯光、音效等，以确保直播的质量和效果。

5. 加强团队协作和沟通

直播团队需要加强各环节的协作和沟通，包括任务分配、进度汇报、问题解决等，以提高团队的执行力和协作效率。

直播团队需要持续优化和改进运营策略，以便更好地适应市场需求。

（三）旗舰版团队配置与运营策略

为追求更好的直播效果，标配版直播团队可以进一步升级为旗舰版直播团队。旗舰版直播团队已经有了明确的组织架构和职责分工，团队成员8人及以上。

旗舰版直播团队最基本的配置是，主播2人、助理1人、场控1人、运营1人、编导1人、选岗1人、客服1人。

旗舰版直播团队人员相对充足，可以充分了解运营规则、策划规则、用户推送机制，关联自媒体平台的用户运营策略，以及直播行业的发展趋势、其他用人企业的岗位选择信息等，从而通过专业化运营有策略地增强直播账号和主播的影响力。

由于团队扩大，选岗专员可以进一步挖掘求职者的需求，有针对性地提供岗位。

当然，旗舰版直播团队并不是直播团队中的最高配置。在岗位安排上，团队可以根据业务需求量继续对某些工作人员进行补充。例如，企业发布短视频时可能选择文案策划、图文设计、视频剪辑、数据分析等专业人员完成，从而达到进一步优化运营环节的目的。

总之，构建直播团队，需要遵循"因事设岗、按岗招人、调试匹配"原则。

完成《实训手册》第9～10页任务，以小组为单位构建直播团队，明确人员分工及岗位职责。

第二节　打造人气主播

主播的素质和能力对直播带岗的效果起着决定性的作用。人气主播往往自带流量，具备更大的带岗潜力。

一、带岗主播应具备的能力

（一）基本能力

1. 良好的语言表达能力

主播需要具有良好的语言表达能力，能通过清晰流畅的表达来吸引观众的注意力，让观众产生共鸣并愿意加深交流。

2. 细致观察的能力

面对不同的观众，针对不同的岗位，主播需要随时根据直播间的氛围、观众的反应等适当地调整自己的表达方式和内容，吸引和留存观众，营造良好的现场氛围，确保直播效果。

3. 专业知识储备能力

主播需要具备相关领域的专业知识，并且不断提升自己的专业素养，以便丰富表述的内容，更好地吸引观众。

4. 熟练的网络应用能力

主播需要掌握现代网络技术和各大平台的操作使用方法，使自己的直播更流畅，更有效。

5. 抗压能力

直播带岗活动一般耗时较长，主播在直播带岗过程中可能会遇到诸多意想不到的情况，因此，主播应拥有良好的心理素质和应变能力，能够沉着、冷静应对各种突发情况，面对压力时能够始终保持积极乐观的态度。

（二）直播带岗能力

1. 行业知识储备能力

作为一名带岗主播，需要对所在行业有深入的了解。这不仅包括该行业的市场发展趋势、竞争环境，还包括主播所需的专业技能、所需了解的行业规范等。丰富的行业知识可以帮助带岗主播更好地与观众进行交流，解答他们的疑问，帮助求职者更好地理解招聘企业和岗位的要求。

2. 沟通能力

直播带岗需要主播具备良好的沟通能力。带岗主播应能够清晰、准确地表达招聘岗位的职责和要求，引导直播间的讨论，回答求职者提出的各种问题，营造良好的直播间氛围，以获得较好的直播效果。

3. 时间管理能力

直播带岗需要主播具有高效管理时间的能力。主播应能够合理安排直播时间，确保在有限时间内传达尽可能多的信息，并能有效把控直播节奏，避免长时间的沉默或过于密集回复问题。

4. 解决问题能力

直播带岗需要主播具有妥善解决问题的能力。直播过程中，当求职者提出的问题超出主播的知识范围或招聘岗位的职责范围时，主播需要迅速做出判断和反应，寻找合适的方法，妥善处理问题。

总之，带岗主播只有不断提升自己的综合能力，并不断学习新的知识和技能，应对直播过程中的各种问题和变化才可能做到游刃有余，为企业的招聘工作带来更多价值。

（三）职业指导能力

1. 职业规划指导能力

直播过程中，带岗主播往往需要为求职者提供职业规划方面的指导，帮助他们了解自己的职业发展方向和目标，并提供相应的建议和帮助。

2. 熟悉招聘流程

带岗主播需要熟悉企业岗位招聘流程，包括简历筛选、识别简历真伪、面试安排、背景调查等，以便帮助企业更好地了解求职者的能力和背景，同时为求职者提供职业指导。

3. 咨询服务能力

带岗主播需要具备良好的咨询服务能力，能够为求职者提供优质的服务和体验，包括及时回复求职者的问题、提供有用的信息和建议、建立良好的客户关系等。

二、带岗主播能力提升

（一）基本能力提升

1. 学习并掌握直播平台的操作技巧，包括摄像、灯光、音频等设备的使用，以及直播软件的功能操作。

2. 参加专项训练，提升直播时的语言表达能力、情绪控制能力以及形象塑造能力。

3. 不断积累模拟和实际直播经验，接受观众和团队反馈，不断反思、改进和优化直播效果。

4. 参加与直播相关的培训课程学习和研讨活动，学习同行经验。

（二）直播带岗能力提升

1. 对相关领域的专业知识进行全面研究和学习，保持对最新行业动态的了解，以便在直播中提供准确、有价值的内容。

2. 不断梳理和组织内容，提高讲解的逻辑性和条理性，使观众易于理解和接受。

3. 学习并掌握视频剪辑技术，提高制作内容的能力和专业水平。

4. 与行业内的专家、学者及其他从业者等开展合作和交流，提高自己对行业内容的理解深度和洞察力。

（三）职业指导能力提升

1. 学习职业发展规划和职业咨询相关知识，了解不同职业岗位的需求和发展路径。

2. 掌握职业咨询的方法和技巧，能够对观众进行职业咨询和指导，帮助他们解决职场问题，提升职业能力。

3. 收集并整理职业发展资源和信息，并提供给观众，帮助他们进行职业规划和决策。

4. 参与和职业发展与指导相关的培训课程学习和研讨活动，关注职业指导领域新动向、新成果。

带岗主播应定期评估自己上述三项能力的实际情况，及时发现和解决自身能力不足的问题，同时制订个人发展目标和计划，并采取相应的行动。

实训任务 6

完成《实训手册》第 11～12 页任务，评估个人作为带岗主播的能力，拟订能力提升计划。

三、带岗主播职业礼仪

带岗主播的职业礼仪是其职业素养和形象的重要组成部分，也是其获得求职者认可和尊重的重要保障，具体应做好以下几个方面。

（一）着装得体

带岗主播的着装应该符合其直播的环境和风格，同时也应该符合其个人形象和气质。

（二）语言规范

带岗主播应该使用规范的语言，避免使用粗俗、不雅的语言和任何可能引起争议的语言。

（三）表现良好

带岗主播在镜头前的表现大方得体，保持微笑、自信、自然的状态，避免过度夸张的表情和行为。

（四）尊重观众

带岗主播应该尊重观众，直播过程中不发表任何可能引起争议和负面情绪的言论，不传播谣言和虚假信息。

（五）遵守规定

带岗主播应自觉遵守直播平台规则，不违反相关的法律法规和规定。

（六）坚守品质

带岗主播应该尊重他人的劳动成果，不抄袭、不盗取、不剽窃他人的作品和创意。

第四章 直播带岗人员筹划

第一节 构建直播团队

团队岗位及职责分工：直播团队应设置主播、助理、场控、运营、编导、选品和客服7类岗位

团队配置与运营策略：
- 基础版团队配置与运营策略
  - 基础版（2~3人）
  - 拍摄优质短视频
  - 定期开展直播带岗活动
  - 逐渐增加短视频的输出和直播次数与时长
- 标配版团队配置与运营策略
  - 标配版（4~7人）
  - 确定直播目标和定位
  - 优化直播内容和形式
  - 制订推广策略
  - 把控直播质量
- 旗舰版团队配置与运营策略
  - 旗舰版（8人及以上）
  - 加强团队协作和沟通
  - 专业化运营，进一步挖掘求职者需求，有针对性地提供岗位

第二节 打造人气主播

带岗主播应具备的能力：
- 基本能力提升
  - 基本能力
    - 良好的语言表达能力
    - 细致敏锐的观察能力
    - 专业知识储备能力
    - 熟练的网络应用能力
    - 抗压能力
- 直播带岗能力提升
  - 直播带岗能力
    - 行业知识储备能力
    - 沟通能力
    - 时间管理能力
    - 解决问题能力
- 职业指导能力提升
  - 职业指导能力
    - 职业规划指导能力
    - 熟悉招聘流程
    - 咨询服务能力

带岗主播职业礼仪：
- 着装得体
- 语言规范
- 表现良好
- 尊重观众
- 遵守规定
- 坚守品质

小结

第五章　直播带岗选岗筹划

选岗是直播带岗最关键的一步，决定了直播带岗的定位和目标受众，如果岗位选择不当，不仅会影响直播带岗的流量，还会影响直播带岗的转化率。

第一节　选岗维度

选岗需要基于招聘企业的定位和目标受众的需求，选择最具有吸引力和差异化的岗位，从而吸引更多的求职者观看和互动，促成转化。一般来说，选岗可从以下维度入手。

一、岗位真实性

选岗人员首先要关注岗位的真实性，确保所介绍的岗位是真实存在的，不是虚构的或者夸大其词的。如果所介绍的岗位不符合实际情况，不仅会影响直播团队的声誉，还可能给直播团队带来法律风险。

> **小贴士**
>
> 《就业服务与就业管理规定》（2022年修订）第十四条　用人单位招用人员不得有下列行为：（一）提供虚假招聘信息，发布虚假招聘广告……
>
> 第六十七条　……用人单位违反第十四条第（一）（五）（六）项规定的，由劳动保障行政部门责令改正，并可处以一千元以下的罚款；对当事人造成损害的，应当承担赔偿责任。
>
> 《中华人民共和国劳动合同法》第二十六条　（一）以欺诈、胁迫的手段或者乘人之危，使对方在违背真实意思的情况下订立或者变更劳动合同的……
>
> 第三十八条　用人单位有下列情形之一的，劳动者可以解除劳动合同：……（五）因本法第二十六条第一款规定的情形致使劳动合同无效的……
>
> 第四十六条　有下列情形之一的，用人单位应当向劳动者支付经济补偿：（一）劳动者依照本法第三十八条规定解除劳动合同的……

二、求职者需求

选岗人员应结合求职者兴趣和需求来选择岗位，要尽可能充分了解求职者的兴趣和需求，并根据这些信息来选择适合的岗位以提高直播带岗的吸引力和效果。例如，如果求职者主要是年轻人，则可以选择一些具有时尚、娱乐、科技等元素的岗位进行直播；如果求职者主要是职场蓝领或白领，则可以选择一些与职场蓝领或白领相关的岗位进行直播。

三、人岗匹配度

选岗人员需要关注人岗匹配度，选择岗位时要充分考虑求职者的能力和经验是否与该岗位要求相匹配。直播过程中，带岗主播通过与求职者进行互动，了解他们的技能和经验，并根据这些信息来判断他们是否可能被邀请参加下一轮面试。如果主播只是为了吸引求职者的注意而选择不适合的人选，这不仅会影响招聘的效率，还可能会给直播团队的口碑带来负面影响。

第二节　选岗步骤

选岗需要遵循一定的步骤，以确保所选择的岗位符合求职者需求。

一、收集岗位信息

（一）收集内容

选岗人员需要收集各种岗位信息，包括用人企业简介，岗位名称、岗位职责、任职要求、招聘人数、薪酬待遇（计时、按月）、工作地点、员工福利、联系方式、获取方式等。

（二）收集渠道

收集岗位信息可以通过用人企业的官方网站、招聘网站、社交媒体平台等获取，也可以直接与用人企业人力资源部门或人力资源服务公司进行交流来获取。

归纳起来，收集岗位信息的主要渠道有线上和线下两种，如图5-1和图5-2所示。

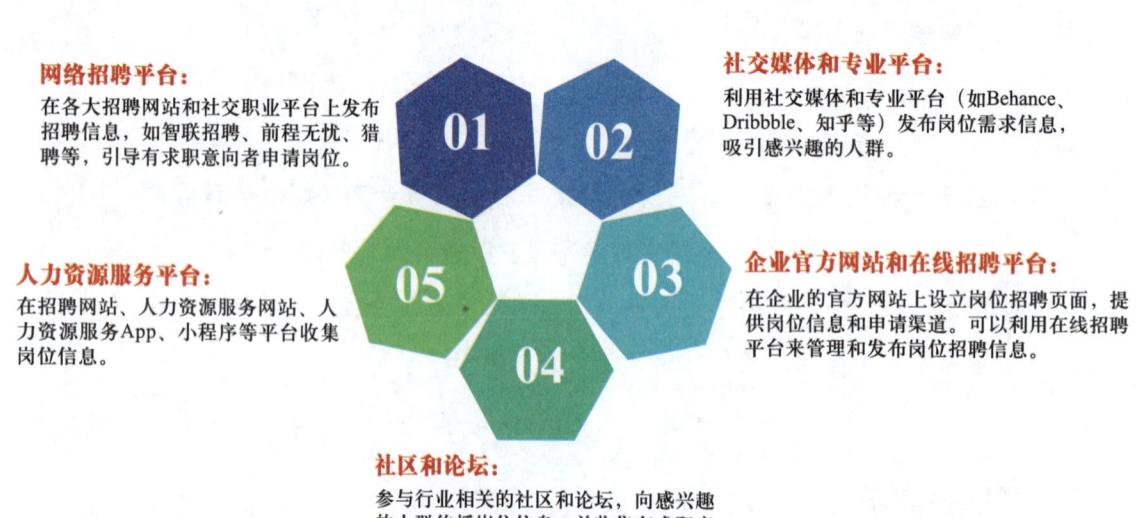

◉ 图5-1　线上渠道

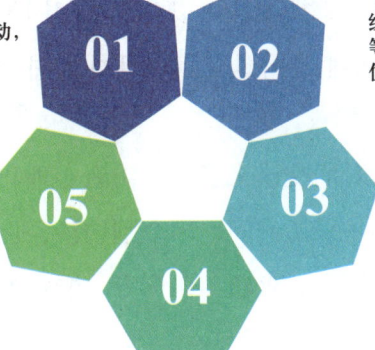

◉ 图 5-2　线下渠道

二、解读岗位信息

收集到岗位信息后，直播团队需要对岗位信息进行深入解读，包括理解每个岗位的具体职责和要求，以及它们对用人企业的贡献，每个岗位是否符合求职者的职业发展目标等。一般来说，可以从以下两个方面来解读岗位信息。

（一）资料分析法

资料分析法指通过一定的方法和技术对所收集到的资料进行整理、加工、分析和解释，以获取有关问题的信息和结论。它是一种系统性的方法，用于对岗位相关资料进行分析和解读。其一般步骤如下。

1. 收集岗位资料

收集与该岗位相关的各类资料，包括招聘广告、岗位描述、岗位职责、技能要求等，还可以参考类似岗位的资料，以加深对该岗位的理解。

2. 分析岗位职责

仔细阅读和理解岗位描述，了解该岗位在企业中的定位和工作职责。分析每项职责的重要性和优先级，确定该岗位的关键职责。

3. 解读岗位技能要求

分析岗位技能要求，包括专业技能、沟通能力、团队合作能力等，理解每项技能要求的真实意义。

4. 挖掘职业发展路径

通过资料分析，了解该岗位在职业发展路径上的位置和发展机会。了解岗位人员的晋升通道和相关的培训与发展机会，为求职者提供职业规划参考。

5. 总结和归纳

对所有分析的结果进行总结和归纳，提炼出该岗位信息的特点和关键点，确保理解准确，并能在直播时清晰地传达该岗位的关键信息。

使用资料分析法解读岗位信息，直播团队可以深入了解岗位的要求和特点，从而为求职者提供详细且全面的岗位解读，帮助他们更好地了解和评估该岗位的适配度。

（二）访谈法

访谈法是一种通过与受访者面对面交谈来了解受访者心理和行为的心理学研究方法。访谈有正式的，也有非正式的；可以逐一采访询问，即个别访谈，也可以组织召开小型研讨会，进行团体访谈。访谈法广泛用于教育调查、求职、咨询等，既有事实调查，也有意见征询等。这里主要用来了解岗位信息。其一般步骤如下。

1. 确定受访者

可选择该岗位就职人员或相关负责人作为受访者。受访者应对该岗位的职责和工作内容有深入了解，并能够清晰地解读和表达。

2. 准备问题清单

提前准备一些有针对性的问题，涵盖该岗位职责、工作面临的挑战、工作经验要求、发展机会等方面。这些问题应该能够帮助求职者全面了解该岗位的特点和要求。

3. 解读岗位职责和工作内容

在访谈中，受访者可以详细解读该岗位的职责和工作内容，包括具体任务、所需技能、工作环境等。他们可以分享自己的经验和见解，帮助求职者更好地理解该岗位。

通过访谈法，选岗人员可以亲身感受到该岗位或相关岗位的实际情况，获得更具体、更丰富的信息，从而更准确地把握该岗位的特点和要求。

三、分类筛选岗位

在这一环节中，选岗人员需要根据用人企业与求职者双方的需求和条件筛选出适合的岗位。在这一过程中，选岗人员既要考虑地理位置、行业领域、薪资水平、公司文化、求职意向等因素，还要考虑该岗位是否具有发展前景，以及工作是否具有挑战性等。

小贴士

参照《中华人民共和国职业分类大典》，按照以"工作性质相似性为主、技能水平相似性为辅"的分类原则，将职业岗位分为8个大类，具体包括：

第一大类，国家机关、党群组织、企业、事业单位负责人。

第二大类，专业技术人员。

第三大类，办事人员和有关人员。

第四大类，商业、服务业人员。

第五大类，农、林、牧、渔、水利业生产人员。

第六大类，生产、运输设备操作人员及有关人员。

第七大类，军人。

第八大类，不便分类的其他从业人员。

四、确定岗位

最后一步是确定适合的岗位。选岗人员需要权衡多方面因素，包括岗位的吸引力、求职者的职业发展目标等。在做出决定之前，选岗人员还可以考虑再与该岗位相关人员进行一些交流，尽可能了解岗位的每个细节，同时也要考虑一些其他的因素，如用人企业的声誉、员工的反馈、岗位的工作环境等，以便做出更明智的决定。

实训任务 7

完成《实训手册》第 13～14 页任务，收集线上岗位信息，线下入企探岗收集岗位信息。

第三节 直播间岗位呈现形式

在带岗直播间中，有效展示岗位可以帮助观众更好地了解直播内容，参与直播活动，主播在介绍岗位时可以通过多种形式来呈现，主要目的是吸引潜在的和符合岗位任职要求的求职者进行简历投递。以下是一些常见的岗位呈现形式。

一、视频/现场介绍

在直播中，主播可以进行现场介绍，讲解用人企业岗位职责、任职要求、工作环境及团队文化等信息，配以短视频展示公司的工作环境和团队风貌，增强求职者的兴趣。

二、图文推送

主播可以利用直播平台的图文推送功能发布岗位信息，包括岗位描述、任职要求、薪资待遇、工作地点等，以及如何投递简历等的详细指导。

三、弹幕/聊天互动

主播可以在直播间的互动区（如弹幕、聊天区）发布岗位信息，并及时回复观众的问题，引导他们进行简历投递。

四、外链链接

主播可以在直播间分享外链,链接到求职者能够投递简历的网页,如用人企业的招聘页面、第三方招聘平台、招聘类小程序等。

五、直播标题或简介

在直播的标题或简介中注明岗位招聘信息,激发潜在求职者的兴趣,吸引他们进入直播间了解详情。

总之,不论使用一种形式还是几种形式呈现岗位,重点都是要确保岗位信息的准确性和吸引力,鼓励目标受众采取行动投递简历。同时,也要关注求职者体验效果,并提供便捷的应聘方式。

设计带岗直播间岗位展示海报的参考要素:

1. 企业简介名称。
2. 招聘岗位名称。
3. 岗位详情名称。
4. 工作地点名称。
5. 简历投递方式。
6. 新人培训及晋升体系。
7. 企业福利体系。
8. 薪酬待遇。
9. 其他。

完成《实训手册》第 15~16 页任务,设计岗位展示海报。

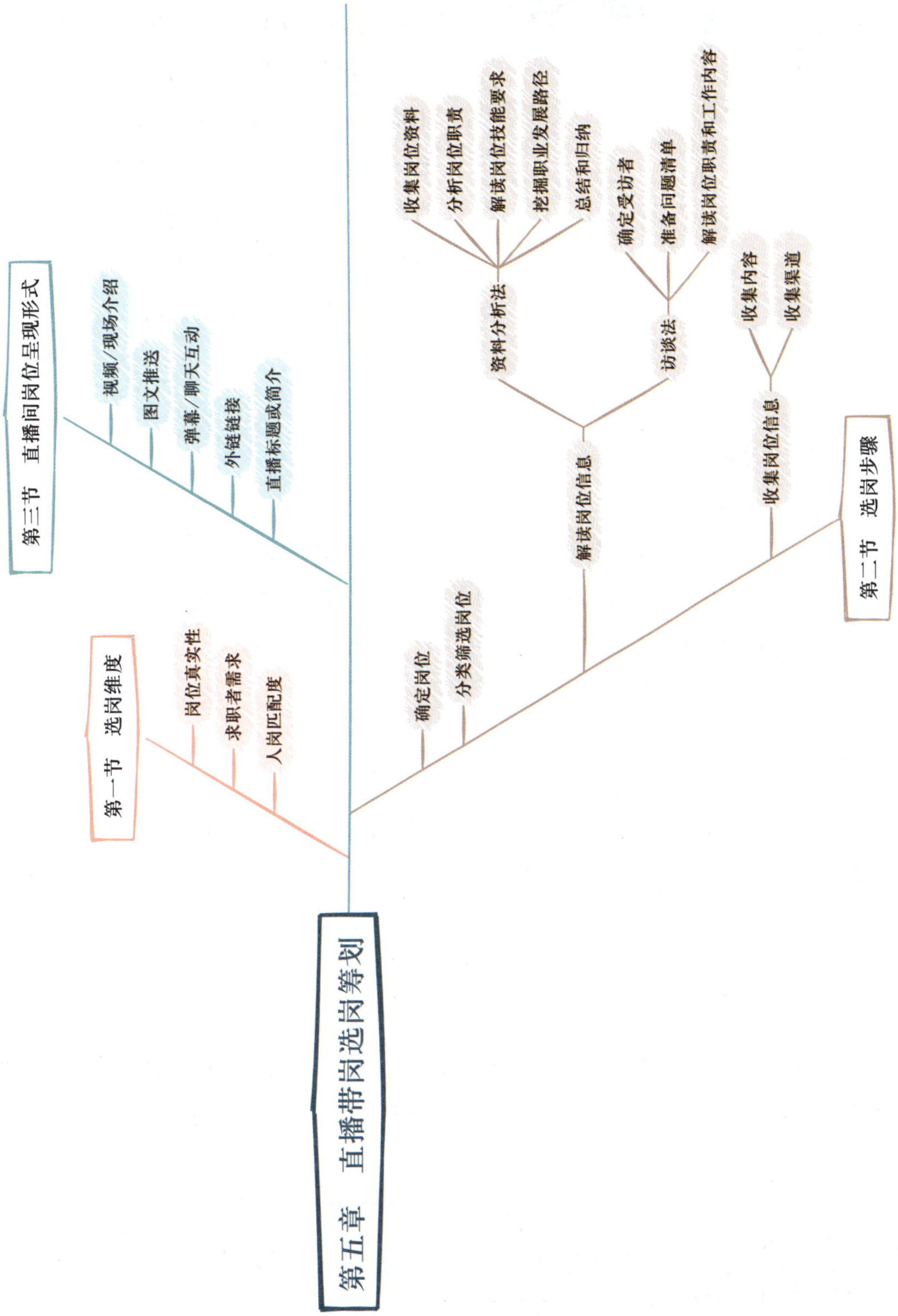

第五章 直播带岗选岗筹划

第一节 选岗维度
- 岗位真实性
- 求职者需求
- 人岗匹配度

第二节 选岗步骤
- 确定岗位
  - 分类筛选岗位
- 解读岗位信息
  - 资料分析法
    - 收集岗位资料
    - 分析岗位职责
    - 解读岗位技能要求
    - 挖掘职业发展路径
    - 总结和归纳
  - 访谈法
    - 确定受访者
    - 准备问题清单
    - 解读岗位职责和工作内容
- 收集岗位信息
  - 收集内容
  - 收集渠道

第三节 直播间岗位呈现形式
- 视频/现场介绍
- 图文推送
- 弹幕/聊天互动
- 外链链接
- 直播标题或简介

小结

第六章 直播带岗资金筹划

合理的资金筹划对于直播带岗的成功至关重要。为保障直播带岗项目正常运转，在直播带岗前，直播团队应制订一份详细的预算计划，包括购置设备、租赁场地、宣传推广等各项支出。这些支出构成了直播带岗的启动资金。按投入的频次和有效时长，启动资金可以分为投资和流动资金。直播团队需结合所选择的直播带岗模式，分别预测投资和流动资金，确保启动资金足够支持直播带岗项目启动直至稳定运转。

第一节 投资预测

直播项目的投资指的是对直播平台、技术或相关产业的资金投入，旨在获取经济利益和市场份额。投资时要考虑直播项目的可行性、成长性和潜在风险，以期实现投资的最大价值。直播带岗的投资通常包括购置的固定资产和无形资产，以及支付开办费用和其他投资的资金。

一、固定资产

固定资产是指为项目运营而采购的场地和设备等，包括计算机、摄像机、麦克风、补光灯、直播大屏、背景布，以及搭建直播间所需要的各类物料和办公设备等都属于需要购置的固定资产。

二、无形资产

无形资产是指企业可长期使用、不具有实物形态但能带来经济收益的资产，如特许经营权（商标特许使用权、产品特许经营权、运营模式特许经营权）、商标权、专利权、著作权等。

三、开办费用

开办费用是指筹备直播带岗期间支出的登记注册费、培训费、差旅费、印刷费，以及不计入固定资产和无形资产价值的借款费用。

四、其他投资

其他投资主要涉及对非金融资产的购置和支出，包括对企业或者个人进行教育和培训的费用、装修费、转让费等。这些投资通常是为了提高企业的生产能力、创新能力和市场竞争力，从而实现长期的经济效益。

第二节　流动资金预测

除上述投资外，要确保直播带岗项目正常运转，还需要考虑日常运营所需的各项费用，如员工薪酬、营销宣传费、水电费、宽带费、电话费、保险费等。此外，为提升用户体验，还需要对直播带岗平台进行不断的升级和优化，这就涉及平台开发、维护和更新等费用，这些费用也属于流动资金。

直播团队需要预留足够的流动资金直至直播带岗项目能够稳定运转，实现收支平衡，这个时间段一般为1~6个月，各直播团队根据自身项目实际确定。

精细的预算和规划，可以确保直播带岗高效运行，最大限度地发挥优势，提升求职和招聘实效。而且，对资金进行合理规划和管理，有助于降低成本，提高效益，为直播带岗长期发展奠定基础。

案例　预测直播带岗启动资金

小王准备和小李组建一个2人团队，为用人企业提供直播带岗服务。初期由于所具备的各类资源有限，本着节约高效的原则，小王和小李准备在家里直播。根据所学知识和自身情况，他们对启动资金进行了以下预测。

直播带岗启动资金测算表（3个月）

类别	支出项目	预计金额（元）	备注
投资	购置计算机	5 000	作为中控后台
	购置补光灯	700	购置球形灯、方形灯
	购置支架	300	购置手机支架
	购置摄像头和麦克风	6 000	
	平台注册+账号认证	600	
	购置直播大屏	5 000	用于实时监控
	投资小计	17 600	

续表

类别	支出项目	预计金额（元）	备注
流动资金	员工薪酬	10 000	小王、小李薪酬
	营销宣传费	2 000	付费推广等费用
	水电费	600	
	宽带费	1 200	
	电话费	600	
	其他费用	3 000	
	流动资金小计	17 400	
	启动资金合计	35 000	

实训任务 9

完成《实训手册》第 17~18 页任务，预测直播带岗项目启动资金。

 小结

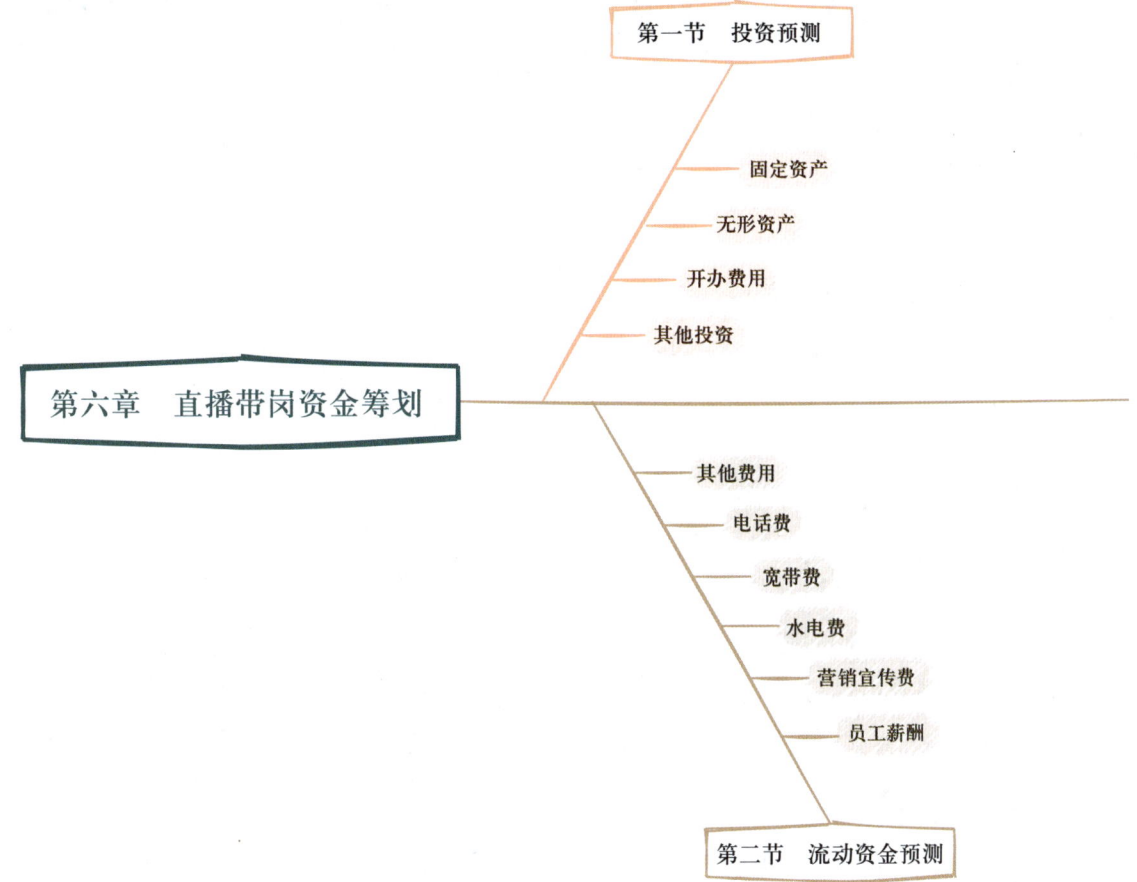

运营篇
OPERATION PART

知识目标
▶ 掌握直播带岗运营形式和关键要素。

技能目标
▶ 能描述出人、岗、场的关键内容并进行优化。
▶ 能制订直播带岗运营设计方案。

职业素养
▶ 带岗主播需要具备扎实的专业知识和相关技能,以便给观众提供高质量的直播内容和指导,并且要不断学习、更新自己的知识,保持行业敏感度和理解力。

45

运营篇

引言

  通过对前面内容的学习，我们已经掌握了筹划直播带岗平台、现场、人员、选岗、资金等的要点，本篇将着重学习直播带岗运营操作知识和技能，这是决定直播带岗项目成功与否的重要环节。

  直播带岗运营是指对直播带岗活动进行计划、组织、实施和控制的全过程，通过直播的形式使企业招聘与求职应聘产生深度关联。直播带岗运营是一项复杂的系统性工程，涉及的工作内容非常庞杂，一般包括主播管理、运营团队管理、企业岗位信息收集、求职者档案管理、数据运营分析等，在此过程中充分考验了团队的策划能力、协作能力、项目管理能力、文案撰写能力等。直播团队尤其是主播在理解直播运营基本原理的基础上制订直播带岗运营设计方案，通过直播带岗总体设计、内容设计、脚本设计，规划直播带岗实战工作，提升直播带岗实效，并在实践中不断优化。

第七章 直播带岗运营

第一节 直播带岗运营形式

直播带岗运营即借助直播平台和特定的营销模式,对企业招聘和求职应聘进行计划、组织、实施和控制的全过程。直播带岗运营原理与直播带货相似,即选择适合的商品——岗位,通过直播间呈现与短视频推广等获得更多的流量,吸引更多的粉丝,最终实现成交转化——"人岗企"、求职与招聘深度匹配,如图7-1所示。

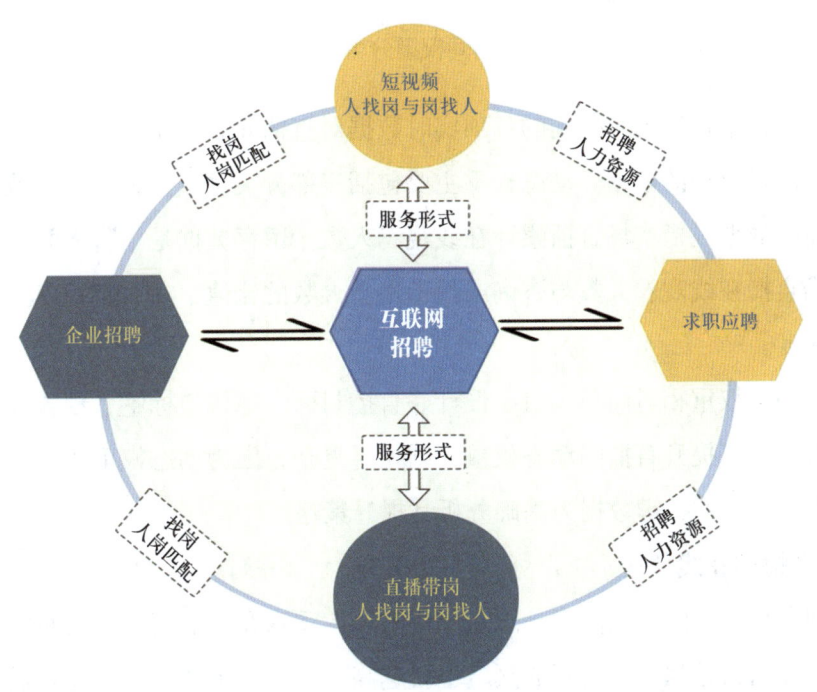

图 7-1 直播带岗运营原理示意图

直播带岗和短视频推岗是两种不同的形式,它们都在数字媒体领域发挥着重要作用,直播带岗强调实时性和互动性,而短视频推岗则注重将预先制作好的视频内容进行传播。无论选择哪种形式,流量永远是直播带岗运营能否成功的关键,同时要注重流量的承接和转化,做好人岗匹配。为此,直播团队需要着力提升带岗直播间和短视频的权重,以获得更多的平台推荐。

一、如何提升直播间权重

直播间权重是指直播平台的评判系统通过大数据分析评估每个直播间表现(影响力、受欢迎程度等）后给直播间分配的权值，这个权值会影响该直播间在平台推荐列表中显示的优先级和用户搜索结果中出现的位置。

直播间权重在不同直播平台上的算法和规则略有不同，但不管是在哪个直播平台，直播间权重都可分为两类，一类是静态权重，另一类是动态权重，如图7-2所示，它们的主要区别在于影响因素和计算方式不同。静态权重主要受直播间基础设置影响，如直播封面、标题、直播预告、开播时间、开播地点，以及稳定开播等。

图 7-2 直播间权重分类

动态权重是直播平台根据直播间的各项实时数据对直播间表现做出的评判，并以此作为直播间以后直播时流量分配的依据。动态权重主要包括三部分关键数据，即在线数据、留存数据和转化数据。在线数据是指本场直播累计在线观看人数。留存数据是指直播间的停留人数。转化数据是指本场直播在线观看人数与咨询或投递简历人数的比值，在一定程度上体现了带岗直播间的岗位匹配度。

提升直播间静态权重相对简单，只要设计好直播封面、标题、标签、预告等，并保持稳定开播就可能实现。但要提升直播间动态权重，则相对复杂，因为动态权重所涉及因素较多，以下就以动态权重所涉及的关键数据为基础分析其提升策略。

（一）提升直播间在线数据

影响直播间在线数据的关键因素是观众停留时长。观众在直播间停留的时间越久，说明直播内容对观众的吸引力越强，直播间的热度也就越高。观众停留时长主要受直播内容和直播间环境两大因素影响，要提升直播间在线数据需从这两大因素入手。

1. 优化直播内容

如果观众一进入直播间就立刻退出，那么直播间热度就无法增加。所以，留住进入直播间的观众至关重要。观众最终选择是否停留在直播间以及停留多久，更多地取决于直播内容。主播一定要梳理清楚直播内容，并且要掌控整场直播的互动节奏，让整场直播有趣而不枯燥，一般来说，在直播内容中可以设置抽奖或者送礼等小活动，以吸引观众的注意力，例如，观看直播时长达到1分钟即可领取福袋等。主播需要在直播过程中向观众反复强调这些活动，引导观众关注直播间，从而留住观众，提高观众停留时长。

2. 优化直播间环境

直播间环境直接影响观众对该直播间的第一印象，如果印象不好，观众自然不愿意留在直播间与主播进行互动。为此，直播团队一定要重视并不断优化直播间环境，要注意保持直播间环境与用人企业文化或直播主题的风格相统一。

（二）提升直播间留存数据

直播间留存数据的好坏可以很好地印证直播间是否有能力让更多粉丝经常回访，同时，较高的留存数据也可以为直播间排除"刷粉"的可能性。直播间留存数据主要与粉丝回访、同时在线人数、引导关注和互动分享这四方面权重有关。而这四方面权重的提升也主要依赖于直播内容和直播间环境设置对观众的吸引力。

（三）提升直播间转化数据

提升直播间转化数据，可以通过优化直播内容、提高直播质量、加强互动、提供优惠活动等方式来实现。

二、如何提升短视频权重

（一）优化视频质量

短视频的清晰度、流畅度和画面稳定性对其权重影响较大。直播团队应确保短视频拍摄和剪辑的质量，从而提供良好的观众体验。

（二）优化内容创意

提供有趣、创新和独特的内容，能够吸引观众的注意力。带岗短视频应充分展示岗位或企业的特点和优势，提供有价值且吸引人的内容，促使观众对直播内容产生兴趣，从而提升短视频的观看时长、观看次数和分享次数等。

（三）设置恰当时长

短视频时长应适中，符合观众的观看习惯。一般来说，短视频的时长应控制在1分钟以内，确保快速传递信息。

（四）提升互动度

引导观众进行评论、提问、点赞、分享等互动行为，并积极回复观众的评论和提问，保持与观众的互动，提升短视频的互动度和观众参与感。直播平台通常会根据互动行为进行权重评估。

（五）优化标题和描述

短视频标题要简洁明了、具有吸引力，能够激发观众的观看兴趣。短视频描述要真实、准确体现视频内容，增强被搜索和推荐的准确性。

（六）优化封面

选择具有吸引力的封面图，能够吸引观众的点击和观看。

（七）添加标签和关键词

添加相关的标签和关键词，有助于提高短视频的搜索排名，增加短视频的曝光度。

（八）加强平台推广

利用平台提供的推广工具，如投放广告、参与活动等，提高视频的曝光度和推广效果。

综合考虑以上因素，有助于提高短视频的权重和曝光度，增加短视频的推广效果和观众参与度。但需注意，不同直播平台的算法和权重评估规则可能存在一定差异，直播团队应充分了解并遵守直播平台的相关要求。此外，短视频中是否有违规词、违禁词、敏感词、极限词等也会影响其权重。

三、如何做好人岗匹配

（一）做好邀约转化

对整场直播活动中观众通过平台投递电子简历的情况进行整理，及时电话联系求职者，了解其求职意向及岗位匹配度，邀约求职者参与面试，提高求职转化率。

（二）做好跟踪服务

1. 回访用人企业。了解面试邀约、求职意向达成等情况，同时向用人企业反馈求职者关心的问题和求职需求。

2. 调查就职情况。向用人企业跟进了解岗位入职情况和招工形势变化的同时，向新入职员工了解在岗工作情况，做好入职跟踪服务及工资待遇保障等相关工作。

第二节　直播带岗运营关键要素

直播带岗运营是推动直播带岗顺利实施的关键。做好直播带岗，并非只是打造一名合格的主播、搭建一个吸引人的直播间这么简单，还需要不断优化直播带岗运营工作。目前直播带岗行业运营人才稀缺，一名合格的直播带岗运营人员需要做好主播定位、岗位筛选、求职信息收集、直播内容筹划、直播数据分析等工作。直播带岗运营是链接企业招聘与求职应聘的重要纽带，关键要协调好人、岗、场三方面的促进关系，如图 7-3 所示，实现最优化的运营效果。

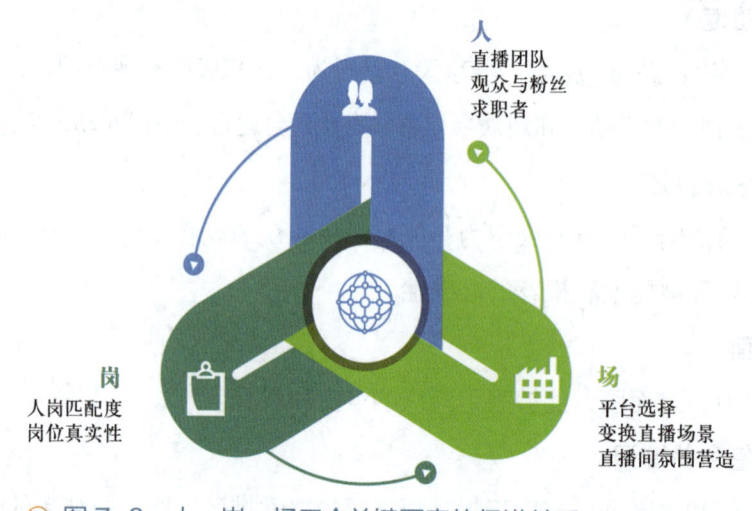

图 7-3　人、岗、场三个关键要素的促进关系

一、直播带岗运营关键要素——人

（一）直播团队

直播带岗运营在很大程度上承担了主播背后核心操盘手的角色。一场直播活动的成败在很大程度上取决于直播团队成员之间是否分工明确以及能否通力协作。而活动中决定直播内容是否有效和吸引观众的关键依旧是主播。主播是直播间的灵魂，其个人能力和内容输出是直接决定直播成败的重要环节。

主播可分为素人主播（非职业主播，很多时候由用人企业内部员工担任）、职业主播、网红主播等。其中网红主播自带优质流量，因而受到众多实力雄厚的直播平台或知名商家的追捧。用人企业或人力资源服务机构在选择与网红主播或职业主播合作时，需要重点考察主播的人设定位、知名度及业务能力，也可以根据主播以往的带岗能力以及所达到的效果进行综合评估。

（二）观众与粉丝

1. 观众

观众是指观看直播的人，他们可能是主播的忠实粉丝，也可能是偶然进入直播间的新用户。观众通过观看直播，了解直播的内容，获得娱乐、学习等价值。同时，观众还可以通过发弹幕、评论等方式与主播进行互动，表达自己的观点和感受。

2. 粉丝

粉丝是指对主播有较高忠诚度的用户，他们会关注主播的动态，支持主播的直播内容，甚至会为主播打赏、送礼物等。粉丝与主播之间互动紧密，他们可能会加入主播的粉丝群，参与主播的各种活动等。增加粉丝黏性，对于提升直播间的权重有重要意义。

（三）求职者

求职者是指那些正在寻找工作机会、提出申请并希望成功就业的个人或群体。直播带岗主要针对求职者进行就业推荐或职业指导。

求职者其主要目标是与用人企业建立联系，他们需要充分展示自己的技能、经验和适应能力，以获得理想的工作机会。这就涉及编写求职信和简历、参加面试、构建个人品牌、拓展职业网络等一系列求职活动。

二、直播带岗运营关键要素——岗

在直播带岗运营中企业参访、企业甄别、收集岗位信息是非常重要的环节，没有优质的企业岗位和求职者信息，再优秀的直播团队也很难做出成效。在选择岗位方面，直播团队要高度重视并把握好以下两个方面。

（一）人岗匹配度

岗位选择决定了直播带岗的定位和目标受众，只有人岗匹配度高的岗位，才能提升直播带岗的流量，提高直播带岗的转化率。而且，直播带岗应能够更清晰地展示企业文化、工作环境等，使求职者能更准确地判断岗位是否符合自身需求。同时，企业也能更了解求职者的真实能力和态度，提高人岗匹配度。

（二）岗位真实性

直播带岗要为求职者提供更多更真实的企业信息和岗位细节，如工作环境、工作内容、团队氛围等，使求职者能更全面地了解岗位，避免因信息不对称而做出错误的职业决策。

三、直播运营关键要素——场

（一）平台选择

对于直播带岗来说，场的选择尤为重要。每个场都有特定的市场定位和人群定位，目前主流的直播平台大都已成为"人人皆可播"的新创业、新就业渠道。

在直播运营过程中，不同的场对应不同的运营模式，直播间所有围绕场的布置和优化，其逻辑出发点都是更好地提升转化率。因此，不管哪一类直播，无论是场地布置还是互动氛围的打造，都需要渲染出活跃的氛围。

（二）变换直播场景

在直播平台上，主播的标签和个人能力往往起着关键性作用，主播要具备流畅的表达能力和优秀的控场能力，能够根据受众群体需求适当变换直播场景，通过不断制造新鲜感吸引和留存粉丝或观众。

直播带岗场景将招聘过程实时展示给观众，让求职者能够更直观地了解用人企业、岗位和工作环境。直播场景主要包含以下内容。

1. 企业展示

通过直播，用人企业可以向观众展示其企业文化、价值观和企业氛围等，让求职者更好地了解用人企业的背景和经营理念。

2. 岗位介绍

在直播中，主播可以详细介绍岗位的具体要求、工作内容和技能要求等，以便求职者准确判断自己是否适合该职位。

3. 工作环境展示

通过直播，用人企业可以现场展示工作场所、办公环境及团队合作情况等，让求职者对工作环境有更直观的了解。

4. 面试过程模拟

有些用人企业可能会在直播中设置模拟面试等活动，招聘者会向求职者提问并对求职者的表现给予实时反馈，以帮助他们更好地准备面试。

通过直播，求职者可以更加全面地了解用人企业和岗位，同时还有机会与招聘者互动，为求职做好充分的准备。对于用人企业来说，直播带岗可以增加招聘活动的可视性和吸引力，以吸引更多优质求职者参与。

（三）营造直播间氛围

营造理想的、职业的、有吸引力的带岗直播间氛围对于提升招聘活动的效果非常重要。以下介绍一些营造直播间氛围的常用方式。

1. 专业背景设置

可以使用用人企业标志、明星产品或相关行业的图像作为直播间背景，来增添专业氛围。要注意背景应简洁，适应岗位特点，切忌杂乱、花哨等。

2. 适当的照明设置

应妥善设置直播间的照明，确保画面明亮清晰，避免阴暗或过亮等问题。

3. 确保良好的音频质量

要确保直播间的音频质量良好，声音清晰，可使用高质量的麦克风，并确保网络连接顺畅，避免出现噪声或信号不稳定等问题。

4. 聘请专业主持人

聘请专业主持人或用人企业代表来主持直播活动，确保流程顺利、信息传递通畅，且能够有效引导互动和提问环节，带动直播间节奏，在营造直播间氛围的同时提升直播的可信度。

5. 保持恰当的交流互动

鼓励观众和求职者在直播中提问、参与讨论，并及时回答他们的问题。可以设置一些互动环节，如投票、调查或抽奖等，增强观众参与度。

6. 展示企业文化

可以在直播中展示用人企业文化和员工福利等，以建立求职者对用人企业的兴趣和认同感。

7. 准备高质量的直播内容

可以准备充实、有价值的内容，包括岗位介绍、面试技巧和行业动态等求职者较关心的内容，确保内容准确、有趣，并与观众进行互动。

8. 添加创新亮点

可以在直播中添加一些创新亮点，如演示项目、案例分析或现场求职路演等，以吸引观众的注意力，激发他们的兴趣。

第三节 直播带岗运营设计

直播带岗运营设计主要包括直播带岗总体设计、直播带岗内容设计和直播带岗脚本设计。

一、直播带岗总体设计

（一）目标定位和策略规划

1. 明确带岗目标

明确直播带岗的目的是吸引更多求职者关注，提高招聘效率，提升企业知名度等。直播团队应根据不同的目标制定有针对性的策略和执行方案。

2. 确定目标受众

直播团队应针对招聘岗位和目标求职者确定直播带岗的目标受众，明确目标群体的年龄、学历、工作经验、行业背景等，以便于做出更有针对性的策划和推广。

3. 制定运营策略

直播团队应根据目标定位，针对目标受众制定相应的运营策略，如采用何种直播形式（如录播、单人直播、多人直播等）、如何推广直播、如何设计互动环节等。

4. 拟订执行方案

直播团队应根据所制定的运营策略拟订相应的执行方案，包括招聘方和求职者的准备、直播内容的策划、推广渠道的选择等。

5. 监测与优化

在执行策略过程中，直播团队应对直播带岗的数据进行监测和分析，包括观看人数、互动情况、简历投递量等，以便对运营策略和执行方案进行优化和调整。

（二）内容制作和准备

1. 确定直播主题

直播团队应针对招聘岗位和目标求职者群体确定直播主题，设计相应的直播内容和形式，以确保直播内容能够吸引目标求职者群体的关注。

2. 制作 PPT 或短视频

直播团队应制作包含岗位介绍、工作环境、工作内容、薪酬待遇、企业文化等内容的 PPT 或短视频，以便于在直播中展示。

3. 宣传和推广

直播团队应通过各种渠道宣传和推广直播带岗活动，吸引更多的求职者观看和参与，如社交媒体宣传、招聘网站宣传、广告投放等。

（三）互动设计和引导

1. 准备互动环节

直播团队应在其直播过程中设计有趣的互动环节，如提问、抽奖活动等，以增强直播的互动性和观众参与感，也可以提前准备一些常见问题答案，便于在直播中及时准确地回应求职者的提问。

2. 引导积极发言

在互动环节中，主播可以通过一些技巧引导求职者积极发言并给予回应，以获得较好的互动效果和观众参与度。

（四）确定直播执行方案

1. 确定直播时间和频率

直播团队应根据用人企业的需求和求职者的活跃时间确定直播时间和频率，以确保更多求职者能够进入直播间观看。

2. 安排合适的主播或招聘方人员

直播团队应选择经验丰富、表达能力强的主播或招聘方人员，负责介绍岗位、回答求职者问题等任务，确保直播过程顺利进行。

3. 确保良好的直播环境

在直播前，直播团队应仔细检查，确保直播环境干净整洁、设备齐全、网络通畅。

4. 做好数据统计和分析

直播团队应对直播带岗的数据进行统计和分析，包括流量层级、成交等级、留存能力等，为后续直播带岗提供数据支持。

（五）后续跟进服务

1. 建立社交媒体群组

直播团队应通过社交媒体建立与参与求职者的联系，将他们拉入相关群组，便于互相交流、分享和讨论，也可以通过建立的媒体群解答求职者想要了解的岗位信息或疑问。

2. 定期更新岗位信息

直播团队应在招聘网站或社交媒体上定期更新岗位信息，包括岗位简介、工作环境、工作内容、薪酬待遇、企业文化等，以便于求职者了解岗位的最新动态和发展前景。

3. 邀请面试

求职者在直播间成功投递简历后，直播团队应安排时间邀请求职者参加面试，并提供面试相关指导和建议。

4. 关注求职者动态

直播团队应与求职者保持联系，关注他们的职业发展动态，并为他们提供必要的支持和帮助。

二、直播带岗内容设计

直播团队在做好直播带岗总体设计的基础上，还需要对直播带岗的内容进行周密策划，确保直播带岗顺利开展，增强求职者的参与度，提高招聘的成功率。以下是直播带岗内容设计的执行要点。

（一）开场

1. 营造氛围

在开场时，主播可以通过一些与招聘岗位有关的有趣话题或小故事来营造氛围，吸引求职者的关注，引导求职者进入直播主题。

2. 介绍自己

主播可以通过简洁明了的言语介绍自己的身份，树立自己在观众心目中的人设，表达自己对直播带岗工作的热爱和对招聘岗位的关注和了解，展示自己的专业能力和经验。

3. 强调优势

主播要强调直播带岗的优势和特点，如互动性强、信息传递快、招聘效率高等，以吸引求职者参与。

（二）用人企业及岗位介绍

主播介绍用人企业及岗位时，要尽可能详细、准确、客观地描述岗位特点、优势和发展前景，以吸引求职者的关注和兴趣。

1. 介绍用人企业

对于用人企业的背景和发展前景，主播可以进行简要介绍，包括企业规模、行业地位、发展历程和未来规划等，以增强求职者对用人企业和岗位的信任感和期待值。

2. 突出岗位特点

针对不同的招聘岗位，主播在介绍时要突出其特点、优势和发展前景，并对岗位的工作职责、工作流程、所需知识和技能等详细情况进行描述，以便于求职者了解岗位的具体要求和工作内容，从而做出准确的决策。

3. 强调薪酬福利

在岗位介绍中，要明确说明岗位的薪酬待遇和福利，包括基本工资、奖金、补贴、保险等。

4. 展示工作环境

可以通过图片、短视频或实际描述等方式展示岗位工作环境和团队协作氛围。

（三）互动答疑

1. 答疑解惑

主播需要具备较强的应变能力，能够实时根据公屏弹幕与观众进行互动，回答观众提出的问题，直播团队应配合主播做好互动答疑，控制好整场直播的节奏。

2. 现场模拟

在直播间中可以通过模拟面试、工作场景再现等形式，帮助求职者感受面试或实际工作氛围。

3. 引导参与

可设计互动话题，鼓励求职者在观看直播时多提问，增强直播间活跃度，同时带动其他求职者参与。

（四）成功案例分享

1. 员工见证

可邀请已经入职的员工分享其在用人企业的成长经历和感受，以及入职后企业为其提供的各种福利待遇、学习培训机会等，增加直播间的信服力。

2. 晋升案例

可介绍员工晋升的实例，并邀请员工在直播间分享自己的晋升历程，展示用人企业对员工成长与发展的支持。

（五）简历投递指引

主播要详细讲解简历投递的步骤和方式，简化求职者的应聘流程，必要时可以用手机在直播间进行操作演练，让求职者对投递简历的操作一目了然。

在这个过程中，主播可提示简历填写的常见错误，给出优化简历的技巧，也可以邀请专业人士在直播间进行简历填写指导，以增加求职成功率。

（六）结束语

1. 表达感谢和祝福

主播可以说一些感谢求职者参与直播带岗的话，表达对他们给予关注和支持的感谢，引导求职者关注主播和直播间，方便求职者后续了解更多岗位信息及服务。

2. 强调后续跟进

在结束语中，主播可以强调直播团队或用人企业会进行后续跟进，与感兴趣的求职者保持联系，提供面试、入职等方面的指导，便于他们更及时、准确地了解招聘安排。

3. 预告下一场直播

如果下一场直播的时间已经确定，主播可以在结束语中向求职者预告下一场直播的时间和主题，吸引他们再次参与。

三、直播带岗脚本设计

直播带岗脚本设计是直播带岗内容设计的具体展现，能够帮助主播梳理直播流程，使主播更加明确某个时间节点说什么、做什么，以及相关的注意事项等，避免直播过程中出现各种混乱或慌乱现象。直播带岗脚本设计要点见表7-1。

表7-1 直播带岗脚本设计要点

序号	实施环节	内容	参考话术（简易）
1	开场	介绍直播主题、时间、目的和流程，吸引求职者关注	欢迎各位观众朋友来到我们的直播间，我是今天的带岗主播×××，今天为大家带来了一场精彩的直播带岗活动，我们将为大家详细介绍×××公司的招聘岗位，让大家更好地了解这些岗位的发展前景
2	用人企业及岗位介绍	介绍用人企业和岗位基本信息，包括企业背景、文化、招聘岗位的职责和要求、薪资待遇、晋升空间、工作环境等，使求职者充分了解用人企业和岗位	×××公司是一家专注于×××领域的企业，致力于为员工提供良好的工作环境和发展机会。今天提供的招聘岗位是×××，主要负责×××工作，这个岗位的薪资待遇优厚，晋升空间广阔，工作环境舒适。在这个岗位上，你将有机会接触到×××的工作内容，需要具备×××技能和知识。如果你对这个岗位感兴趣，欢迎加入，点击直播间下方链接即可报名
3	互动答疑	设计相应的互动环节和内容，如开场环节问答、发放福利等，用人企业及岗位介绍和简历投递指引环节抽奖、发红包等，增强直播的互动性和参与感，吸引更多求职者关注	（1）各位直播间的家人们，你对今天的直播有任何问题或疑虑，欢迎在评论区留言，我们会实时给大家解答，同时我们会进行抽奖活动，选出几名幸运的观众，奖品丰厚，不要错过哦…… （2）各位直播间的家人们，今天我们直播间不但有福利、红包，还有大奖哟，接下来主播向大家介绍完企业和岗位信息，将开启今天的大奖，感谢家人们在直播间的守候

续表

序号	实施环节	内容	参考话术（简易）
4	成功案例分享	收集并分享展示以往直播带岗招聘成功典型案例，包括员工稳岗时长、企业认可度，员工在企业的成长与发展等	各位直播间的家人们，今天给大家推荐的×××企业是一家非常注重员工成长和发展的企业，它们每年都有人才引进计划，和我们合作×××年了。今天我们直播间给大家邀请了一位神秘嘉宾，他于×××年通过我们直播带岗应聘到这家企业，从事×××工作×××年，我们请他给我们分享一下他在这家企业工作成长经历，有请×××……
5	简历投递指引	讲解并演示观众投递简历信息平台及投递方式、操作流程。每介绍完一轮企业和岗位后，以及观众咨询时要反复讲解和演示	各位直播间的家人们，有对我们介绍的岗位感兴趣的可以点击直播间下方链接（或图标），了解更多企业和岗位的相关信息，报名即可，下播后我们直播团队或企业人力资源负责人会联系你
6	结束致谢	感谢求职者参与直播，表达对他们给予关注和支持的感谢，预告下一场直播的时间和主题，并表达对求职者的祝福	感谢各位家人一直以来的支持和关注，我们会定期举办直播带岗活动，为大家提供更多的就业机会和发展空间。期待下一次与大家见面

实训任务10

完成《实训手册》第19~20页任务，设计一份直播带岗脚本。

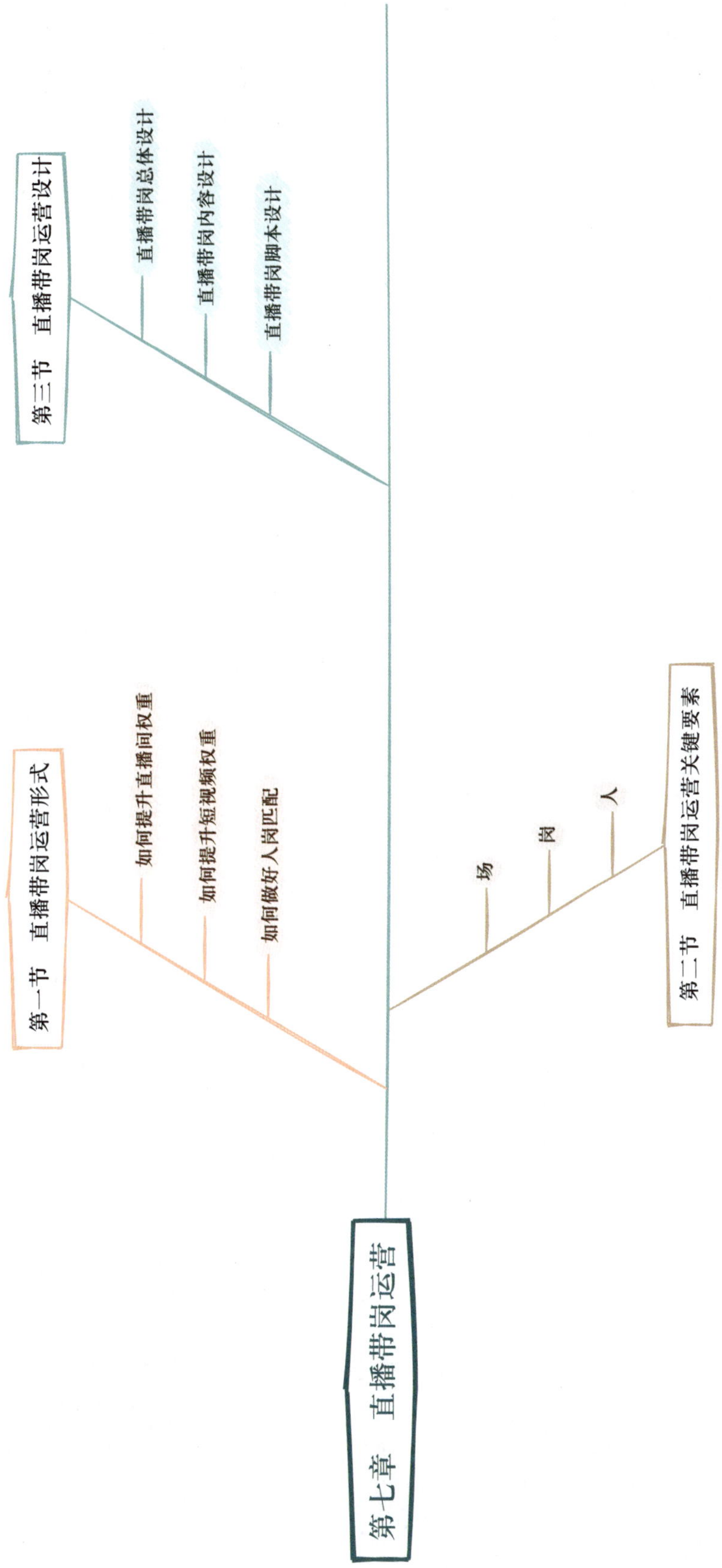

第七章 直播带岗运营

- **第一节 直播带岗运营形式**
  - 如何提升直播间权重
  - 如何提升短视频权重
  - 如何做好人岗匹配

- **第二节 直播带岗运营关键要素**
  - 场
  - 岗
  - 人

- **第三节 直播带岗运营设计**
  - 直播带岗总体设计
  - 直播带岗内容设计
  - 直播带岗脚本设计

小结

实战篇
ACTUAL COMBAT

知识目标

▶ 了解直播实施前需要准备、预演、推广的相关工作。
▶ 了解直播实施步骤。
▶ 了解下播后的复盘流程。

技能目标

▶ 掌握直播实施中互动技巧和话术。
▶ 掌握直播复盘核心指标数据,提升直播运营成效。
▶ 掌握短视频内容定位,文案策划,拍摄、剪辑的知识和技能。

职业素养

▶ 能设计和准备一场成功的直播带岗活动并予以实施。
▶ 能与观众和求职者建立积极的互动关系。
▶ 能有效策划实施直播带岗的营销推广。

引言

实战篇

  本篇学习重点是直播带岗的实战操作，我们将学习如何设计和准备一场完整的直播带岗活动，直播实施中如何与观众和求职者建立积极的互动关系，掌握直播带岗的实战技巧，提升直播招聘的效果。通过本篇内容的学习，我们将获得以下几方面的能力提升。

  • 直播带岗推广与营销能力。我们将学习直播带岗推广的渠道、形式、规则，以及短视频推广、策划、实施的知识和技能。

  • 策划与准备能力。我们将学习如何制订一份直播带岗活动计划，包括目标设定、内容策划、活动流程设计等，了解一些有效的策划和准备技巧，确保直播带岗活动能够吸引观众和求职者的关注。

  • 主持与表达能力。我们将学习直播带岗活动中的主持技巧，包括语言表达、节奏控制、情绪调节等，以及一些提高主持能力的方法，保持直播活跃度和吸引力。

  • 互动与沟通能力。我们将学习与观众和求职者建立积极互动关系的技巧，提高观众和求职者的参与度，营造良好的直播间互动氛围。

  • 答疑与面试能力。我们将学习在直播带岗活动中如何有效地回答观众和求职者的问题，以及如何进行实时面试或筛选，还将学习一些面试技巧和答疑方法，以便在直播中进行准确、有针对性的回答。

第八章 直播带岗实战

第一节 带岗直播前的准备

俗话说"兵马未动，粮草先行"。对于直播带岗而言，准备工作也是至关重要的，它直接影响直播带岗的现场效果和整体招聘结果。如何进行直播带岗活动的推广规划与营销，如何准备技术设备和网络环境，如何开展内容策划以及团队的组织与培训，都是本节要介绍的内容。只有准备充分，直播带岗活动才能顺利进行，进入直播间的求职者才能获得良好的求职体验。

一、直播带岗推广

如何制订有效的直播带岗推广规划，使直播带岗活动取得最佳效果，是直播团队需要重点考虑的问题。直播带岗推广规划需要重点考虑以下问题：

- 本场直播带岗的目标受众是谁？他们的需求、兴趣和习惯是什么？
- 如何选择推广平台和推广方式？
- 营销推广的时间周期有多长？
- 营销推广是否需要投入资金？内容策划如何制定？效果如何预测？

（一）直播带岗推广渠道

直播带岗推广可以结合公域和私域渠道来实现更全面的覆盖。以下是公域和私域渠道在推广中的常见应用。

1. 公域渠道

（1）社交媒体平台。通过微信公众号、微博、快手、抖音、知乎等社交媒体平台发布活动信息、预告视频、精彩短片等，吸引用户关注和参与。

（2）行业媒体、行业论坛。通过行业媒体、行业论坛等渠道发布相关文章或新闻，宣传直播带岗活动，吸引目标受众的关注。

（3）搜索引擎优化（Search Engine Optimization，SEO）。通过优化相关页面的关键词、描述和内容，提高直播带岗活动在搜索引擎中的排名，增加曝光量。

（4）人力资源领域专家推广。邀请有较高关注度的人力资源行业专家或KOL（Key Opinion Leader，关键意见领袖）进行合作推广。他们的影响力和粉丝基础可以给直播带岗活动带来更多受众的关注和参与。

（5）社群互动。在用人企业或直播团队的抖音、快手和视频号账号上积极回复观众的评论和提问，与他们保持良好的互动，提供有用的信息和有效的解答，营造积极的社群氛围，建立与求职者良好的互动关系。

2. 私域渠道

（1）用人企业官方网站和招聘平台。将直播带岗活动信息和报名渠道放置在用人企业官网和招聘平台上，为访问者提供详细了解活动的机会。

（2）用人企业内部通信。通过内部通信工具，将直播带岗活动的信息传达给全体员工，并鼓励员工转发给自身的社交圈。

（3）内部推广活动。在用人企业内部组织推广活动，如线下讲座、内部培训等，引导员工主动参与和传播直播带岗活动信息。

（4）邮件和短信营销。利用用人企业拥有的客户或人才数据库，通过邮件或短信向潜在求职者发送邀请，提高活动参与率。

（5）合作推广活动。与行业合作伙伴、品牌商家或其他企业进行联合推广活动，在直播中展示合作方的产品或服务，并分享优惠或福利等。这不仅可以增加直播的曝光度，还可以扩大用人企业和直播团队的合作网络和受众群体。

结合公域和私域渠道开展直播带岗推广，有助于扩大目标受众的覆盖面，提升直播带岗活动的知名度和参与度。直播团队可以根据目标受众的特点和用人企业的资源情况选择和组合使用有关推广渠道和策略。

（二）直播带岗推广形式

直播带岗具有极强的互动性，能为求职者和招聘者提供一个及时、高效的交流平台。直播带岗的推广形式主要有以下3种。

1. 图文推广

图文推广是直播带岗的重要推广形式之一。通过精心设计的海报、宣传册或者社交媒体广告，向目标受众展示用人企业的工作环境、岗位需求和福利待遇等。这种推广方式不仅信息量大，而且能够随时随地传播，帮助求职者充分了解企业的情况。

2. 文字推广

即通过新闻稿件、微博文章等形式进行直播带岗的宣传，详细介绍用人企业背景、文化以及岗位的优势，为求职者提供更多的信息。这是一种低成本、高效率的推广方式，能够帮助企业树立良好的形象。

3. 短视频推广

短视频推广是当前最受欢迎的直播带岗推广形式。用人企业制作简短的视频，展示企业工作环境、工作内容以及员工的工作状态。这种方式生动形象，能够吸引更多的求职者关注和参与。同时，短视频的传播速度非常快，能够在短时间内覆盖目标受众。

（三）直播带岗推广规划

以下是开展直播带岗前推广规划的一般步骤，直播团队可以根据用人企业及岗位的具体情况和招聘目标进行适当的调整和优化，并在实施中根据推广效果反馈不断改进。

1. 明确目标受众

直播带岗的目标受众以年轻的求职者和学生为主。他们倾向于通过网络寻找工作，并且喜欢新鲜、有趣的求职方式。此外，也可以吸引一些中年的求职者，他们可能正在寻找新的工作机会或者想要改变职业方向。

2. 选择推广渠道

微信、微博、抖音等平台覆盖面广，用户活跃度高，可以作为直播带岗推广的主要渠道。也可与智联招聘、前程无忧等招聘网站合作，这些网站的用户大多正在寻找工作，属于用人企业的目标用户还可与各大高校进行合作，通过高校官方渠道进行推广，吸引学生关注。

3. 确定推广形式

（1）短视频介绍。制作关于招聘岗位的短视频，详细介绍岗位工作内容、要求等，帮助求职者更快速地了解岗位。

（2）文章分享。撰写关于招聘岗位的文章，并将其分享到社交媒体，吸引更多人关注。

4. 策划推广内容

策划推广内容通常包括招聘岗位名称和工作内容、岗位要求、工资待遇等详细信息。

5. 预估直播效果

预估通过直播带岗推广能使招聘岗位的曝光率提高多少，企业的招聘效果会提升多少，用户在直播过程中的互动率可以达到多少，直播的投入产出比能达到多少等。

6. 设定推广周期

直播团队应制订直播推广计划，进行预热宣传，推广周期一般为一周到半个月。

实训任务 11

完成《实训手册》第 21~22 页任务，完成直播带岗推广活动规划。

二、短视频营销

（一）短视频的特点

1. 时长短

短视频的时长标准会因平台不同和市场的变化而有所不同，通常在 15 秒到 3 分钟之间。

2. 内容丰富

短视频可以涵盖娱乐、教育、科技、旅游、美食、生活方式等多方面内容。

3. 制作便捷

可以通过智能手机的摄像头和简单易用的编辑应用软件制作短视频，门槛较低。

4. 传播快速

短视频更容易在社交媒体上被用户观看、点赞、评论和分享，受众覆盖面广。

5. 交互性强

短视频平台上通常设置有丰富的互动功能，如评论、打赏等，能够促进与用户之间的互动。

（二）短视频在直播带岗活动中的应用场景

1. 预热

可以利用短视频为直播带岗活动预热，吸引潜在求职者。

2. 引流

可以将短视频作为引流工具，引导观众进入带岗直播间。

3. 复用

可以将直播内容编辑成短视频，实现内容的二次运用。

（三）直播带岗短视频内容创作

1. 主题与目标定位

创作直播带岗短视频，首先要确定拍摄短视频的核心目标，设计符合用人企业品牌形象和招聘需求的短视频主题，如宣传企业文化、展示工作环境、介绍特定岗位或招聘信息、员工访谈等。

2. 内容策划

内容策划须符合主题与目标定位，贴近目标受众的兴趣和需求，简洁明了，确保信息一目了然、易于理解。创意构思要突出重点、富有创新，避免平淡无奇。

3. 制作要点

（1）脚本撰写。短视频脚本是拍摄短视频所依据的底本，是故事的发展大纲。脚本内容丰富，例如，故事发生的时间、地点，故事中有哪些人物，每个人物有哪些台词、动作及情绪变化，每个画面拍摄的景别分别是什么，用哪些拍摄手法来突出特定场景的环境、情绪等，这些细化的内容都需要在短视频脚本中确定下来，以便在拍摄与后期制作时有据可依。

一部短视频分镜头脚本结构通常包含运镜方式、景别、画面内容、台词、音效等，创作团队可以根据自己的需求酌情添加或者删减，然后填充内容。当然，不同的情境设计、账号定位、垂直需求，短视频脚本的内容也不尽相同。

（2）拍摄技巧。短视频拍摄需依据拍摄内容和故事情境确定构图、景别和运镜方式等。要设计好基本画面构图，构图分为主体、陪体和环境三部分；景别主要可分为五种，由近至远分别为特写、近景、中景、全景、远景；运镜方式分为固定镜头和运动镜头，运动镜头的拍摄技巧有推、拉、摇、移、跟、升、降、环、转、甩等。要求拍摄画面清晰，镜头稳定，要特别关注短视频的拍摄光线和角度。

（3）剪辑技巧。需剔除冗余内容，保留精彩部分，合理使用过渡效果和文字标题，要使用高质量的图像，确保视频画面足够吸引人，给观众带来生动的视觉效果。剪辑短视频常用的剪辑软件有 Adobe Premier、剪映、快影、秒剪等。

（4）配乐选择。应根据视频氛围等选配合适的背景音乐，注意确保不侵犯他人版权。

（5）引导与互动。直播带岗短视频内容中要有明确的招聘信息及呼吁观看和参与直播带岗活动的提示，预告直播时间、报名方式、询问渠道等。可通过设置问题或发起挑战等形式，增强与观众的互动性，提高用户的参与度。

直播带岗短视频内容创作可以在提升用户参与度的同时增强企业的品牌影响力，并有效推动招聘工作的深入进行。在设计和拍摄短视频时要考虑目标受众的特征和偏好，创作出既有信息价值又具娱乐性的内容，以此吸引人才，提高招聘效率。

（四）短视频发布

短视频发布旨在确保其被正确上传到指定平台，并达到最大的观众覆盖范围。以下是发布短视频的一般步骤。

步骤 1　检查和优化视频内容

发布视频前需仔细检查视频质量，具体包括视频是否有失误或需要调整的地方，视频长度是否符合平台规定，是否添加了相应的文本标题、特效和适合的背景音乐，视频清晰度和音频质量是否达标等。

步骤 2　选择合适的发布平台

即决定在哪个平台发布短视频。抖音、快手、视频号、微博等短视频平台均有自己的特点和受众。短视频团队要根据平台的算法和目标受众的偏好确定适当的发布策略。

步骤 3　确定发布时间

应根据目标受众可能的活跃时间确定最佳的短视频发布时间。一般来说，晚上或周末可能有更多的用户在线。也可使用平台分析工具（如飞瓜数据、蝉妈妈等）来判断最优发布时间。

步骤 4　备好短视频标题和描述

短视频标题应具有吸引力，让观众一眼就能看出短视频的主要内容；描述中应包含关键词和相关标签，以便于实现短视频的搜索引擎优化（SEO）。

步骤 5　添加合适的话题或标签

添加热门话题或标签可以增加短视频的曝光率，但要确保这些话题或标签与短视频内容的一致性。

步骤 6　添加交互元素（注重适用性）

添加可以增加互动和参与度的元素，如调查问卷、答题挑战或链接等。

步骤7　创建短视频封面/缩略图

创建一个能够吸引用户点击观看的短视频封面缩略图，这是观众对短视频的第一印象。

步骤8　上传视频

根据每个发布平台的要求调整短视频格式和大小，并进行上传。某些发布平台允许预先设定发布时间，短视频团队可以提前准备好短视频内容并安排自动发布。

步骤9　积极互动

短视频发布后，短视频团队还要积极回应观众的评论和消息，关注点赞、分享和观看量等指标。

步骤10　分析和调整

短视频团队可以利用发布平台提供的分析工具来检查短视频的表现，并根据反馈及时做出调整。

拍摄发布短视频需注意尊重版权和法律法规，不侵犯他人知识产权，并确保内容不违反所在平台规定。

（五）短视频营销效果评估与数据分析

短视频营销效果评估与数据分析是短视频内容创作者了解其短视频表现的重要方式，以便不断优化内容策略，提高短视频的影响力。以下介绍评估短视频营销效果的主要指标和数据分析方法。

1. 关键指标

（1）播放量。即短视频被播放的次数，可反映视频的流行程度。

（2）完整播放次数和观看时长。即观众完整观看短视频的次数和总观看时长，这是衡量内容吸引力的重要指标。

（3）观看来源。该指标显示观众是如何找到该短视频的，包括直接搜索、推荐、外部链接等。

（4）观众留存率。该指标显示观众在短视频播放过程中的留存情况，可以反映出观众在哪个内容节点对短视频失去兴趣。

（5）点赞、评论和分享。这些均属于社交互动指标，可体现观众的参与度，这些互动有助于短视频在社交网络中传播。

（6）粉丝增长。该数据可以反映出观众对创作内容的兴趣和忠诚度。

（7）点击率。即短视频被点击播放的比率，一般与短视频标题和封面缩略图的吸引力相关。

（8）转化率。对于带有特定行动号召（如购买、注册）的短视频，该指标可反映出观众响应的比例。

2. 数据分析方法

（1）趋势分析。观察关键指标随时间变化的趋势，以评估内容策略的长期效果。

（2）A/B测试。通过比较不同标题、封面或内容格式的短视频表现，找出最能吸引观众的短视频，并予以分析。

（3）分段分析。分析不同受众群体的反应，如年龄、性别、地区等差异，以便制作更具针对性的短视频内容。

（4）比较分析。与同行业或竞争对手的关键指标数据进行对比，评估自身在市场中的表现和竞争力。

（5）热点分析。通过分析评论和反馈来发现观众感兴趣的话题或内容点。

短视频团队还可以利用平台内置的分析工具进行数据分析，如TikTok的Analytics，YouTube的Studio等，或选择专门提供第三方分析服务的工具如SocialBlade、VidIQ等，以实现更深入的数据分析与竞争比较。

（六）直播带岗短视频创作方向

1. 用人企业文化展示。制作一个短视频，展示用人企业的文化和价值观。可以通过讲述员工故事、展示团队活动和庆祝活动等，让观众感受用人企业的文化氛围。

2. 岗位介绍和演示。制作一个短视频，介绍用人企业的不同岗位和工作内容。可以通过员工讲述自己的工作经验和体会，或者演示岗位工作流程和技能来增强内容的吸引力。

3. 实地参观并展示工作环境。制作一个参观用人企业办公场所和岗位工作环境的短视频，让观众身临其境地感受用人企业的工作环境和氛围。

4. 分享项目案例。制作一个短视频，通过图表、图像和文字解说等方式，分享用人企业的项目或业务案例，向观众展示用人企业的专业能力和实际成果。

5. 分享员工采访视频。采访用人企业的员工，让他们分享自己的职业成长经历、工作动力和成功故事，帮助观众更直观地了解用人企业内部文化和员工发展机会。

6. 宣传招聘活动和福利待遇。制作一个短视频，通过动态图像、文字和音乐等元素，宣传用人企业的招聘活动和福利待遇，突出用人企业的吸引力和优势。

7. 预告直播带岗活动。制作一个短视频，预告即将进行的直播带岗活动，可以制造悬念和亮点，吸引观众的兴趣，激发他们参与直播带岗活动的热情。

这些创作方向可供短视频团队根据具体需求进行个性化定制和创新。无论选择何种方向、何种方式，最重要的是通过短视频向观众清晰地传达有吸引力的、有趣的信息，吸引他们参与直播带岗活动。

完成《实训手册》第 23~24 页任务,设计短视频分镜头脚本。

三、开播前物料检查

为确保直播带岗活动顺利进行,直播团队应重视并做好开播前物料检查工作,可列明检查清单,逐项核查。表 8-1 所示为某直播活动开播前物料检查清单(示例),供参考,直播团队可根据自身需求作相应调整。

表 8-1 开播前物料检查清单(示例)

检查项目	具体内容
硬件设备	手机(一部用于直播、一部用于监控)□ 计算机□ 直播大屏□ 摄像头□ 收音麦□ 直播支架□ 声卡(建议室内用有线声卡,室外用无线声卡)□ 灯□ 挡光板□ 其他□_____
软件	直播软件□
环境	网络环境□(连接 Wi-Fi,保证网络传输稳定,手机可开启飞行模式,避免电话干扰) 场地环境□(场地适宜,避免干扰)
素材	直播封面图□ 直播主题/标题□ 贴纸广告□ 其他□
工具	岗位展示手卡□ 企业展示手卡□ 企业文化宣传物料□ 其他□_____

四、直播带岗场景搭建

(一)实景直播

1. 工作场景直播

将摄像头安装在工作场所关键位置,使观众可以通过直播亲眼见到实际的工作场景和工作过程。例如，在餐厅直播带岗活动中，可以将摄像头放置在厨房，展示厨师的操作流程和技巧。

2. 现场操作示范直播

现场操作示范直播可以展示具体工作过程中的各项步骤和技术要点。例如，在汽车维修行业，可以直播汽车维修师傅进行故障排查和修理的全过程，让观众了解相关技术和操作要领。

3. 主持人导览直播

由一位主持人引导观众参观工作场所，并介绍不同部门、工作流程和日常任务。这种形式可以为观众提供一种全面的、有导向性的直播体验，使观众对用人企业的文化和工作环境有更深入的了解。

4. 实时访谈和面试

在实时访谈和面试直播中，观众可以亲身体验用人企业的面试流程，以及求职者与招聘者的交流过程。这种形式能够增加观众的参与度，帮助他们更直观地了解公司的招聘要求和面试准则。

5. 岗位模拟演练

可以在直播现场安排岗位模拟演练，展示具体岗位的工作内容和要求，让求职者更准确地了解岗位的日常工作。

6. 现场团队交流

在直播现场安排团队成员进行交流和讨论，展示团队合作和沟通的情况。观众通过直播互动，向团队成员提问或观察他们的工作方式，从而更直观地体会团队合作氛围和企业文化。

7. 办公场景演示

在直播中展示一些典型办公场景，如会议、项目讨论、客户服务等，帮助观众和求职者了解员工的日常工作流程和沟通方式。

对于这些实景直播形式，直播团队可以根据不同的招聘需求和目标进行组合使用，也可以根据用人企业特点和求职者群体的需求进行创新和定制，以提供更有吸引力和个性化的直播体验。

（二）虚拟场景直播

虚拟场景直播是运用相应的直播软件色键抠像技术，将蓝、绿幕实时抠除，再置换直播需要的理想场景的一种直播技术。虚拟场景对于中小型客户和刚接触直播的客户具有明显优势：首先，无需搭建实景，虚拟场景由计算机制作，便捷、成本低；其次，虚拟场景换景更容易。实景直播间完成后，想要换景就必须重新装修，这是一项复杂的工程，而虚拟场景实时切换，完全能做到一物一景，直播团队可根据实际情况进行场景选择。

（三）直播间灯光设计

直播团队应根据直播间的大小和灯源色温、角度、照射亮度等设计灯源的摆放位置，不同的摆放组合会带来不同的效果。直播间常用灯光有顶光、主光、辅光、轮廓光、背景光等。

（四）直播场景分区

直播场景通常包括两个部分，即主推区和岗企展示区。

1. 主推区

主推区是本场直播所要主推的活动摆放区域，也就是展示区。主推区的核心作用是突出主播讲解及岗位展示的内容。

2. 岗企展示区

岗企展示区是除主播区外，通过背景或视频列等方式向观众展示用人企业工作场景、工作流程等的区域。岗企展示区的划分，既有利于延长观众在直播间停留的时长，又有利于提升直播间的转化率。

第二节　带岗直播中的实施

直播活动开播后，主播需要有意识地对整个项目流程进行严格把控，避免出现断播、停播、不稳定直播甚至"翻车"等现象，主播要善于应用平台自带的各类营销工具与受众构建良好稳定的信任关系。例如，巧用账号名称及简介进行引流，直播时开启"同城定位"，鼓励观众发弹幕、留言等以提升直播间热度，令直播间产生"群聚效应"，直播间热度越高，其在平台中的展现位置就会越靠前。

一、开播前活动预演

正式开播前应安排一次预演，以保障直播活动顺利进行，为观众提供一次无故障和高质量的直播体验。同时，这也是一次解决问题和优化活动细节的机会。直播活动预演以直播脚本为底本，预演步骤如下。

（一）确认直播设备和网络连接正常

开播前要测试设备和网络，确保所有直播设备（摄像头、麦克风、音频设备等）都能正常工作，且网络连接稳定。

（二）调试音视频设备

测试并调整音视频设备的音量、清晰度和质量，确保声音清晰，图像清楚。检查麦克风的灵敏度与摄像头的焦距和角度。

（三）演练活动流程

与参与直播的所有人员进行活动流程演练，确保每个人都清楚自己的角色和任务，并了解整个活动的流程和时间安排。演练活动流程有助于提前解决潜在的直播问题和缺陷，提高直播团队的协作效率。

（四）测试幻灯片和媒体内容

如果直播活动中需要使用幻灯片、视频或其他媒体内容，应在预演时测试它们是否能够正常播放及其展示效果，确保直播间观众可以清晰观看并理解所呈现的内容。

（五）测试互动和问答

如果计划在直播期间设置互动和问答环节，应在预演中测试相应技术和平台功能，确保直播间观众可以顺利提交问题和参与讨论，主播或嘉宾能够及时反馈。

（六）岗位信息发布

针对不同的直播平台，做好直播前求职岗位信息发布，确保直播中岗位信息的推送和求职者简历信息投递及时、顺畅，为直播成交转化和数据留存提供保障。

二、直播实施流程

（一）开场

1. 热情开场

主播应用热情的语言欢迎观众，并感谢他们的参与，同时介绍自己，这样能够建立友好的氛围，并让观众感受到被重视和关注。

2. 介绍主题

简要介绍活动的主题、目的和议程，这样有助于观众了解活动的内容和结构，并对接下来的内容做出清晰的预期。

3. 介绍嘉宾

如果有嘉宾参与活动，主播应用简洁的语言介绍他们的背景和专业知识，这样能够突显嘉宾的权威性和可信度。

4. 预告活动亮点

提前透露本场直播的部分亮点和特别内容，激发观众的兴趣和好奇心，以利于提高观看时长和直播转化率。

（二）过程

直播过程是指从开场后到结尾前的阶段。这个阶段在直播间观看直播的人数动态稳定，观众有进有出，可能还会伴随一定数量的增长。在这个阶段，主播与团队其他成员之间要密切配合，积极处理公屏弹幕上的问答互动、私信互动，引导点赞、关注等，尽可能与观众建立深度信任与情感互融。

（三）结尾

1. 总结回顾

直播活动结束前，主播应对活动的主要内容进行简要回顾和总结，这样有助于巩固观众对活动的理解和记忆。

2. 问答互动

给观众提问留出时间并由主播或嘉宾进行回答，增强观众的参与感。

3. 提供信息

结尾时提供获取更多岗位资讯的渠道，如相关网站、社交媒体链接、报名通道等。

4. 致谢道别

以感激和友好的语言道别，并向观众、嘉宾和团队其他成员表示感谢，让大家感受到被重视和尊重。

此外，结尾时可以播放欢快的音乐，并展示一些令人愉快的图像或视频，营造愉悦的氛围，给观众留下良好的印象。

三、直播间氛围管理

直播间氛围管理是指在直播过程中，主播和运营团队成员通过一系列手段和技巧来营造良好的直播氛围，以吸引观众、促进互动、提升直播效果。以下是优化直播间氛围管理的一些方法。

（一）主播个人风格和情绪管理

主播要保持活泼、幽默、亲切的风格，营造轻松愉快的氛围，让观众感到舒适和愉悦。主播在直播中面对意外情况要保持冷静，积极引导观众，保持情绪稳定和积极。

（二）互动引导

鼓励观众提出问题、分享看法，及时反馈，增加直播的参与感和互动性。可适时引入一些热点事件和话题，增强直播的时效性和吸引力。

（三）背景音乐和音效设置

恰当的背景音乐可以增强直播的氛围和情感表达，音效的运用也可以使直播更加生动有趣。

（四）视觉效果设计

注意灯光、布景、摄像机角度等方面的设计，营造舒适的视觉环境。

（五）时间安排

合理安排直播内容的节奏和时长，避免过长、单调的内容，保持观众的兴趣。

实训任务 13

完成《实训手册》第 25~26 页任务，开展直播带岗实操训练。

第三节　带岗直播后的复盘

"无复盘不成长"，直播复盘是整场直播活动中非常重要的一个环节。对于直播效果超过预期的直播活动，直播团队需要总结分析每个环节的成功经验，并将之应用于下一场直播策划；对于直播效果没有达到预期的直播活动，直播团队需要总结出现的问题和失误，并讨论分析改进方式，避免在以后的直播活动中再发生类似情况。

一、什么是直播复盘

直播复盘是指在一场直播活动结束后，主播及直播团队其他成员一起对本场直播活动进行回顾，从不同的角度进行数据分析、经验总结，汇总直播中存在的各种优缺点，从而达到查缺补漏、积累经验的目的。

直播复盘以过程为核心，在分析总结中不断提高，不仅让直播团队的成员对本场直播的结果和出现的问题产生清晰的认识，对接下来的工作和整体规划有共同的目标，而且可以帮助团队成员认清自己，从而能够更好地制订未来直播活动的优化方案。

二、直播复盘的重要性

无论是新手主播，还是头部主播，复盘都是必不可少的。只有每次直播后开展及时、专业的复盘，才能更清晰地确定直播中存在的不足，同时找出产生问题的原因，提出有针对性的弥补方案和恰当的改进措施，确定后续直播的调整计划，不断纠正缺点、沉淀优点，积累丰富的运营经验，不断优化直播效果。

如果直播结束后不及时进行复盘，那么出现的问题就不能得到及时的解决和改正，直播的效果将难以突破且无法提升，造成观众和粉丝不断流失。

三、如何进行直播复盘

每一场直播都必须提前策划，确定直播目标，没有目标的直播必然是一场失败的直播，无法达到令人满意的效果，而直播复盘的核心就是要检验实际完成的直播结果与直播目标之间的差距，也就是将直播结果与期望的结果（观看人数、新增粉丝、成交转化、用户体验、营销效果等）相比，哪些实现了，哪些存在差距，哪些超额完成了任务，然后对直播过程进行层层梳理和分析，找到其中存在差异的原因。这样做的目的不仅仅是对一场直播进行总结，也是不断检验确定的直播目标是否科学合理，并且在这个过程中不断总结和优化直播目标，以便使未来的直播策划更合理、更科学、更准确。进行有效的直播复盘应关注以下方面。

（一）评估直播效果

评估直播的整体效果，包括评估直播目标及观众互动情况、观看时长、点赞数等，分析直播的观看量和互动程度。

（二）回顾直播内容

对直播的内容进行回顾和评价，包括内容主题、阐述逻辑、深度和广度等方面，分析哪些内容受到观众喜爱，哪些内容需要改进。

（三）评估主播表现

对主播的表现进行回顾和评估，包括发言流畅度、情绪控制、互动引导等方面，挖掘主播在直播中的优势和不足，为优化主播表现提出建议。

（四）回顾技术运作

回顾直播设备、音视频、特效等的表现，分析直播中的技术问题和改进空间。

（五）分析观众反馈

梳理和分析观众在直播中提出的建议、意见和反馈，汲取观众的真实感受，为后续直播改进提供参考。

（六）分析团队协作

对团队的协作和配合进行回顾，分析团队配合是否默契，是否存在沟通问题，并提出改进意见。

（七）制订改进计划

根据复盘结果，制订相应的改进计划，包括内容调整计划、技术升级计划、主持技能提升计划等。

完成《实训手册》第27～28页任务，直播带岗复盘优化。

第四节　直播带岗运营优化

一、直播带岗运营优化指标

（一）观众参与度

观众参与度能够反映观众对活动内容的兴趣和互动程度，包括观看人数、互动率、点赞率等指标。可以通过设计具有吸引力的互动内容、针对观众需求提供有趣的内容、引导观众分享直播间、提供奖励激励等方式来优化观众参与度。

（二）观看时长和观众留存率

观看时长指观众在直播带岗活动中总的观看时间。观众留存率是指直播带岗活动期间观众持续参与的程度。较长的观看时长和较高的观众留存率能够反映活动内容的吸引力和观众对活动内容的持续关注。可以通过提升直播内容质量、加强直播间观众引导、优化互动话题和活动、改善直播细节体验、提高观众奖励价值等方式来优化观看时长和观众留存率。

（三）参与互动次数

参与互动次数指观众在直播带岗活动期间主动参与有关内容的次数，如提问、答题、点赞、评论等。可以通过设置直播前预热活动次数、增加抽奖环节频次、优化观众互动活动设计、增加互动奖励等方式来优化参与互动次数。

（四）直播转化率

直播转化率指观众在直播中投递简历和信息留存的比率，是衡量直播带岗效果的重要指标之一，其计算公式为：

$$直播带岗转化率 = 观众投递简历或信息留存数 / 观众人数 \times 100\%。$$

可以通过提升人岗企匹配度、建立忠实用户、邀请嘉宾（用人企业代表和求职者）现场活动、优化直播活动流程、储备优质岗位和人才等方式来优化直播转化率。

（五）社交媒体影响力

直播团队通过监测直播带岗活动被点赞、评论和分享等，以及所获得的媒体曝光等，来衡量直播带岗活动对社交媒体的影响力和传播效果。可以通过整合社交媒体平台、提供社交媒体独家福利、强化社交媒体互动、合作与跨界推广等方式来优化社交媒体影响力。

二、直播带岗运营优化思路

（一）直播内容优化

1. 明确目标受众和直播带岗活动主题，确保直播内容的丰富性和对目标受众的吸引力，定期更新主题和话题。

2. 通过市场调研、数据分析等方式了解目标受众的特点，根据观众喜好和需求制作定制化内容，提供有针对性的服务。

3. 增强直播内容的实用价值，如专业知识分享、案例分析等，让观众获得实际收益或者经验。

（二）直播推广优化

1. 选择合适的社交媒体平台进行推广，设计引人注目的宣传内容。

2. 制定直播带岗推广策略，包括分享活动内容、使用话题标签等。

3. 发布直播预告和精彩短视频，吸引观众参与，扩大直播的影响力和曝光度。

4. 与KOL合作或邀请有影响力的嘉宾参与直播带岗活动。

（三）直播质量优化

1. 提升直播画面质量、音频效果和稳定性，确保观众有良好的观看体验。

2. 提供用户友好的界面和功能，方便观众进行互动和购买行为。

3. 及时回复观众的反馈和意见，建立良好的沟通和互动关系。

（四）数据分析优化

1. 运用数据分析工具和直播大盘数据，监测关键指标，了解观众行为，观察市场趋势，为决策提供数据支持。

2. 基于数据分析观众行为和转化流程，发现潜在改进点，并及时调整优化策略。

3. 分析直播带岗简历投递、邀约面试及意向达成情况，及时整理统计数据及分析结果，结合直播复盘情况，形成直播带岗数据分析报告，评估活动成效，提出改进建议。

（五）团队优化

1. 开展技能培训

持续开展直播团队成员的技能培训，涵盖主持、内容策划、观众互动等技能，以不断提升整体直播能力。

2. 加强合作与沟通

加强团队合作和沟通，建立灵活高效的工作流程，确保信息畅通和任务分工明确。

3. 建立激励机制

建立更具吸引力和激励作用的薪酬福利机制、晋升机制和团队建设奖励机制，留住优秀人才。

总之，直播带岗运营优化的策略和方法很多，运营团队应根据优化的目标和自身实际情况来确定具体的优化策略，同时要密切关注市场变化和观众需求的变化，及时优化和调整工作任务。此外，还要注意不断学习和关注行业发展，把握最新的直播带岗运营政策和趋势。

小贴士

直播带岗活动结束后可根据直播间观看量、峰值、简历投递量、点赞量等指标选定直播中的热点内容，制作成直播切片短视频；也可结合直播带岗活动文字和图片资料以及相关统计数据，撰写新闻通稿。通过新闻媒体、短视频平台等渠道发布新闻稿和短视频，广泛宣传，扩大活动影响力。

实训任务 15

完成《实训手册》第 29～30 页工作任务，优化直播带岗运营。

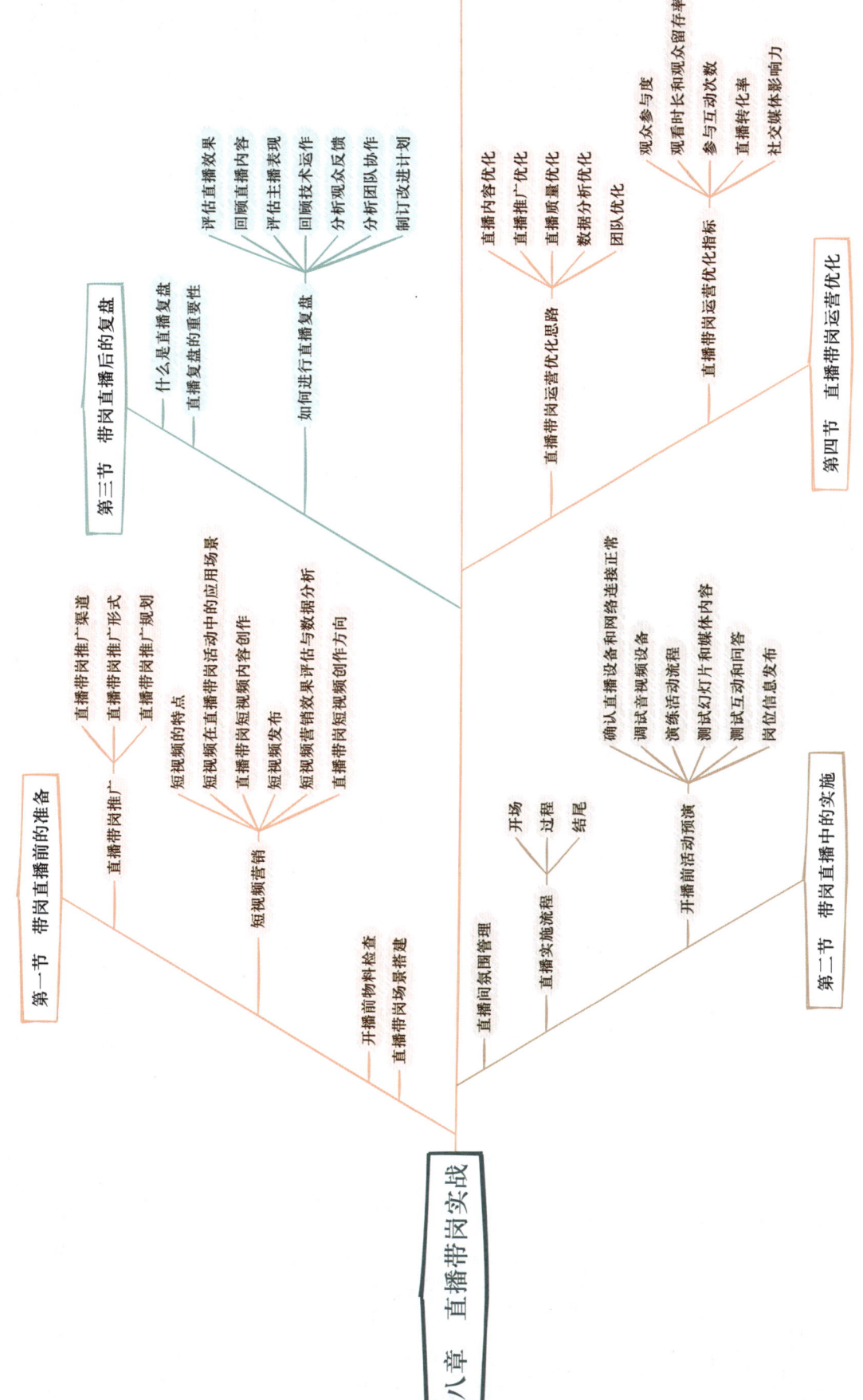

提升篇
ASCENSION PART

知识目标
▸ 了解职业指导相关理论。

技能目标
▸ 掌握职业指导信息采集、咨询指导、行为改变、认知调整、跟踪指导、自助指导等技术。
▸ 掌握针对不同群体开展就业创业指导技巧。

职业素养
▸ 能用平等尊重的态度对待服务对象，使帮助指导得以正常进行，并提升服务成效和指导能力。
▸ 尽最大努力帮助服务对象实现职业生涯发展，促进人力资源合理匹配。

提升篇 引言

职业指导包括两个重要的组成部分——职业诊断和帮助指导。之所以将职业指导"一分为二",有两个目的:一是突出职业诊断的作用,以便发现问题症结,对症下药,更好地实施有针对性的帮助指导;二是强调服务的主动性、帮扶的有效实施和问题解决的目标效果,做到提供积极策略和实施有效措施。

本篇重点从两个方面介绍直播带岗职业指导,用以提升主播职业指导能力,使其能够不断提升"人岗企"有效匹配的服务成效:一是讲解职业指导的概念与职业指导的基本内容;二是介绍直播带岗职业指导技术,包括制作求职简历、制作企业招聘简章、模拟面试等。

第九章 直播带岗职业指导

第一节 职业指导基本知识

职业指导是一种系统性的职业规划和发展服务，旨在帮助求职者（特别是学生和职场新人）识别自己的兴趣、价值观和技能，并将其与自身职业选择和发展路径相匹配。职业指导的目标是帮助求职者做出明智的职业决策，提高就业竞争力，实现职业发展和个人成长。

直播带岗职业指导的基本内容包括以下方面。

一、自我认知

帮助求职者了解自己的兴趣、价值观、优势和特点，以便更好地进行职业规划。

二、职业认知

提供关于各种职业的信息，包括工作内容、要求、薪酬、发展前景等，帮助求职者了解不同职业的特点和要求。

三、职业决策

通过各种评估工具和方法，帮助求职者做出符合其自身情况和目标的职业决策。

四、职业准备

提供就业技能培训、简历撰写、面试技巧等方面的指导，帮助求职者做好就业准备。

五、职业发展

为已经就业的求职者提供职业发展规划和职位晋升建议，帮助其更好地规划职业方向和提升职业能力。

第二节 直播带岗职业指导技术

直播带岗职业指导者应能与求职者进行良好的沟通，了解他们的职业需求并提供有效的指导和建议。在直播带岗职业指导中，掌握基本的技术和方法可以帮助求职者有效地进行职业探索和职业规划。直播带岗职业指导工作主要涉及指导求职者制作求职简历、指导企业制作招聘简章、实施模拟面试等。

一、制作求职简历

制作求职简历的基本步骤如下。

（一）选择简历格式

常用的简历格式有倒叙简历、功能简历和混合简历。求职者可根据个人情况和应聘岗位要求选择最适合的简历格式。

（二）填写基本信息

求职简历中的基本信息通常包括个人姓名、联系方式（电话号码、电子邮箱）、住址等，求职者如实填写即可。

（三）突出特长优势

简要介绍自己的教育背景、工作经验、专业技能和职业目标。应突出个人特长和优势、求职意向，使招聘方对自己有初步的了解。

（四）列出教育背景

列出自己的教育经历，包括毕业院校、专业和学位等。如果曾获得某些荣誉奖项或特别成就，也可以一并列出。

（五）梳理工作经历

按时间顺序梳理自己的工作经历，包括单位名称、工作职责和成果。描述工作职责时，应尽量突出与应聘岗位相关的内容。

（六）展示相关证书

展示自己所获得的相关技能或能力证书，以展现自己的专业技能水平、语言能力、计算机软件应用能力等。

（七）补充其他信息

如有与应聘岗位相关的社会实践、志愿者活动、科研经历等，应在简历中充分展现。

小贴士

1. 制作求职简历时要根据应聘岗位要求进行调整，突出与岗位有关的经验和技能，使简历更具针对性和吸引力。
2. 简历应该整洁清晰，字体统一，排版合理，避免出现错别字或语法错误。
3. 随着个人经历的增加和职业发展，求职者需要定期更新简历，确保简历与个人发展保持同步。

二、制作企业招聘简章

制作企业招聘简章时，要注意内容简明扼要、结构清晰、表达准确，且真实可靠，符合用人企业的实际情况和招聘需求，以便吸引优秀人才，并有助于筛选到合适的人才。企业招聘简章通常由以下内容构成。

（一）标题

简明扼要地说明这是一份招聘简章，包括企业名称和招聘岗位名称等。

（二）企业简介

简要介绍企业的发展历史、规模、行业地位、企业文化和核心价值观，使求职者对企业有初步了解。

（三）岗位信息

明确列出招聘岗位的名称、工作地点、职责和任职要求。岗位职责要清晰明了，任职要求要具体明确，包括对求职者教育背景、工作经验、专业技能等的要求。

（四）福利待遇

列出企业提供的薪酬待遇、福利政策、培训机会、晋升空间等，吸引求职者的关注。

（五）应聘方式

说明求职者投递简历的方式，如通过电子邮件、在线招聘平台等，以及招聘截止时间等。

（六）补充信息

如有面试流程、禁止行为、附加材料等需要特别说明的内容，也应在招聘简章中注明。

（七）联系信息

提供企业联系人信息及联系方式，方便求职者咨询。

除以上的技术和知识外，应确保企业招聘简章内容遵循相关劳动法律法规和职业道德规范。作为职业指导者，还需要具备良好的教育能力和辅导技巧，能够根据不同人员的需求和特点，提供个性化的职业指导服务。

企业招聘广告是企业招揽优秀人才的重要手段之一。一般来讲，招聘广告是求职者了解企业的第一手资料，会影响到招聘资源的质量，因此，如何使招聘广告更具吸引力尤为重要。招聘广告设计的注意事项如下。

1. 招聘广告的内容要客观、详细。

2. 设计招聘广告应遵循吸引注意、引起兴趣、激发欲望、采取行动、留下记忆的原则。

3. 设计招聘广告时应注意风险防范，如条件公示、避免歧视、避免虚假承诺、尊重版权和知识产权、保护个人隐私、合规宣传等。

4. 设计招聘广告时应注意，尽量使企业招聘描述更吸引求职者，一方面要树立企业形象，另一方面可考虑提高待遇及提供职业发展机会。

实训任务 16

完成《实训手册》第 31~32 页任务，制作求职简历。

三、实施模拟面试

（一）选择场地

选择一个安静、舒适的地方进行模拟面试，可以是一个会议室或安静的办公室。

（二）规划流程

确定面试的时间、地点和时长，以及面试问题的类型、数量和考察的重点领域。

（三）准备问题

可以采用常见的面试问题，也可以采用与目标岗位相关的问题来进行模拟面试。需要注意，面试的问题应涵盖对求职者技能、经验、能力等各方面的测试。

（四）提供资料

提供模拟面试时可能需要的各种资料，如用人企业背景、岗位工作相关文档、面试问题表格、评估表格、反馈表格等。这些可以帮助求职者更好地准备，并提供更真实的面试体验。

（五）模拟面试

主播可以扮演面试官的角色，并在面试开始前向求职者介绍面试的目的和流程。面试期间尽可能真实地模拟面试情境，包括提问、评估回答和提供反馈等。

（六）讨论反馈

面试结束后，主播应与求职者讨论他们在面试中的表现，提供积极的反馈和建议，帮助他们了解自己的优势和改进的方向。

（七）重复演练

指导求职者根据反馈和讨论的结果不断练习，改进不足之处，然后再次参加模拟面试，直到他们认为自己准备充分并充满自信。

通过实施模拟面试，可以帮助求职者提前熟悉面试流程，获得面试技巧，以便在实际面试中更好表现，增加获得岗位的机会，同时也为主播提供更真实地了解求职者的机会。

 小结

第九章 直播带岗职业指导

第一节 职业指导基本知识
- 自我认知
- 职业认知
- 职业决策
- 职业准备
- 职业发展

第二节 直播带岗职业指导技术

实施模拟面试
- 选择场地
- 规划流程
- 准备问题
- 提供资料
- 模拟面试
- 讨论反馈
- 重复演练

制作企业招聘简章
- 标题
- 企业简介
- 岗位信息
- 福利待遇
- 应聘方式
- 补充信息
- 联系信息

制作求职简历
- 选择简历格式
- 填写基本信息
- 突出特长优势
- 列出教育背景
- 梳理工作经历
- 展示相关证书
- 补充其他信息